Dr. Michael L. Brown
Die Selbstzufriedenen erschüttern

Dr. Michael L. Brown

Die Selbstzufriedenen erschüttern

Der Ruf an das Volk Gottes, aufzustehen und das Evangelium offensiv zu predigen

Verlag Gottfried Bernard
Solingen

Titel der Originalausgabe: Rock the Boat
                          Dr. Michael L. Brown

© 1993 by Dr. Michael L. Brown

© der deutschen Ausgabe 1999
   Verlag Gottfried Bernard
   Heidstr. 2a
   42719 Solingen

Übersetzung: Tina Pompe
Satz: CONVERTEX, Aachen
Grafik: image design, A. Fietz, Landsberg
Druck: Druckhaus Gummersbach

Alle Bibelzitate stammen aus der Revidierten Elberfelder Bibel, es sei denn, sie sind
anderweitig gekennzeichnet. Die Hervorhebungen in den Bibelstellen stammen vom
Autor.

ISBN 3-925968-97-0
Best.-Nr. 175897

Inhalt

Vorwort
(Der Fall Supermakt-Riese gegen Fanatiker)

Am 31. Januar 1991 schrieb ich nach monatelangem Drängen meiner Frau endlich einen Brief an die stellvertretende Filialleiterin der Kundenbetreuung der Giant Food Inc. Kette. Darin lobte ich ihre ausgezeichnete Kette an Lebensmittelläden für ihre Sauberkeit, den Service, ihre Angebotspalette und die wettbewerbsfähigen Preise. Ganz besonders dankte ich der stellvertretenden Geschäftsführerin für ihre Werbespots bezüglich der Verbraucherrechte, die im Radio gesendet worden waren. Aber auch wir hatten etwas, das wir loswerden wollten – und das war kein Werbespot! Es war eine ernste Beschwerde, die wir mit vielen unserer Freunde und Mitarbeiter teilten: Müssen wir an jeder einzelnen Kasse solchem sexuellen Schund ausgesetzt werden? Ich darf hier aus meinem Brief zitieren:

> Es gibt einfach kein Entkommen vor diesem Bombardement. Vom Titelblatt des *Cosmopolitan* bis zum *National Enquirer* werden wir mit pikanten Bildern halbnackter Frauen und den intimsten Details der neuesten sexuellen Abenteuer, abartigen Praktiken und Skandalen der Reichen und Berühmten konfrontiert. Dies kann unmöglich zu Erhaltung der aufrechten und pflichtbewußten Atmosphäre beitragen, die Sie in Ihren Werbespots darzustellen scheinen.
>
> Wir haben mit einer ganzen Reihe von Menschen in der Gegend darüber gesprochen und wir alle stimmen darin überein: die Frauen fühlen sich entehrt, die Männer besudelt und die Kinder werden ganz schändlich vergiftet. Müssen wir jedes Mal, wenn wir zum Einkaufen gehen, solchem entwürdigenden Material ausgesetzt werden?

Auch ich sehe die äußerst lukrative Bedeutung der Zeitschriften am Kassenschalter. Man hat mir sogar gesagt, daß gerade dieser Bereich die höchste Ertragsquote von Dollar pro Quadratmeter in all Ihren Filialen abwirft. Aber Profit ist nicht das einzige, was zählt! Die Zufriedenheit Ihrer Kunden und eine hochstehende Moral sollten ebenfalls hoch auf Ihrer Liste angesetzt sein. Warum sollten Sie sonst nicht *Playboy, Penthouse* oder Porno-Videos verkaufen – wenn Geld doch das einzige ist, was zählt? Wenn Sie doch nur einmal einen Blick auf die breite Auswahl an anstößigem Material an Ihren Schaltern werfen würden (dazu vergleichen Sie bitte die beigefügte Auswahl, die für den Schmutz nur eines Tages steht), dann würden Sie mir zustimmen, daß dies mit Sicherheit nicht im besten öffentlichen Interesse ist.

Im Idealfall wäre es großartig, wenn die fraglichen Zeitschriften gänzlich aus dem Erscheinungsbild von Giant verschwinden würden. Ich sehe jedoch, daß dies zum gegebenen Zeitpunkt nicht realistisch ist. Statt dessen ersuche ich Sie auf das Dringlichste, dieses Material zu den allgemeinen Zeitschriftenständern zu verlagern. Auf diese Weise können diejenigen, die solche Zeitschriften zu kaufen wünschen, dies tun, indem sie einfach an das betreffende Regal treten (so, wie sie es für jeden anderen Artikel im Laden ebenfalls tun!), während der Rest von uns sich nicht diesem ganzen Schmutz ausgesetzt sehen würde.

Für den Fall, daß wirtschaftliche Gesichtspunkte aber *doch* den entscheidenden Faktor bilden, dann sollten Sie in Ihr Kalkül mit einbeziehen, daß ich in meiner Position als Dekan der viel besuchten Montgomery County Bibelschule mit einer großen Anzahl an Gemeinden und Pastoren in Kontakt stehe. All diejenigen, mit denen ich bislang darüber gesprochen habe, teilen meine Einstellung: wir werden uns mit unserem Umsatz an diejenige Lebensmittelkette wenden, welche die beanstandeten Zeitschriften und Boulevardblätter aus ihrem Kassenbereich entfernt. Wir sind der Überzeugung, daß die Stimmen von mehreren Tausenden von Kunden nicht ungehört verhallen werden. Falls Giant sich unserer Bitte gegenüber aufgeschlossen zeigen sollte, so würde ich selbstverständlich unsere Kontakte ausdrücklich ermutigen, ihren *gesamten* Umsatz in Ihren Filialen abzuwickeln. Ich denke, die positive Reaktion von Giant auf eine solche Bitte wäre durchaus einer Meldung in den Nachrichten würdig. (Wobei es wohl unnötig ist zu erwähnen, daß eine Weigerung Giants, geeignete Maßnahmen zu ergreifen, dies ebenso wäre).

Wir danken Ihnen für Ihre Aufmerksamkeit bezüglich dieses Punktes und ich erwarte mit Freuden Ihre baldige Antwort.

Als Anlage war diesem Brief eine repräsentative Auswahl der Titelzeilen von Zeitschriften und Boulevardblättern beigefügt (im Folgenden finden Sie nur einige Beispiele aus der vorgelegten Auflistung): Sinnliche Genüsse für die Zeit Allein; Tagebuch einer Affaire – Lust und Verrat; Wenn glücklich Verheiratete heimlich untreu sind; Mein Mann traf Sie in der Kirche – Warum selbst gute Männer fremd gehen; Männer, die wir begehren – Männer, die wir heiraten; eine Frau gefangen in Liebe, Sex und Alkohol; Oprah war mit 14 schwanger – ihre prickelnde Romanze mit einem verheirateten Mann; Oprah die Große – Sex-Skandal – Prediger mit Geliebter ertappt; die Mutter der Geliebten exklusiv; Romantische Rache – das erhabene Gefühl heimzuzahlen.

Vielleicht fragen Sie sich gerade: Warum gerade auf einer bestimmten Lebensmittelkette herumhacken? Haben nicht die meisten Supermärkte diese Art von Schund an ihren Kassen ausgelegt? Nun, Giant ist ja nicht nur irgendeine Lebensmittelkette. Giant ist einer der größten Lebensmittel-Vertriebe in der ganzen Gegend von Maryland, Virginia und Washington D.C. und steht in dem sehr guten Ruf, ein *familienfreundlicher* Laden zu sein, und in jeder einzelnen der mehr als 150 Filialen ist eine große Tafel mit einer Auflistung der „Verbraucherrechte" zur öffentlichen Begutachtung ausgehängt. Wir waren überzeugt, daß die Zeit gekommen war einzuschreiten.

Unsere Gründe, ausgerechnet diesen Punkt zum Ziel unserer Bemühungen zu machen, waren ebenso einfach: a) Wenn wir es nicht wagen würden, unseren Mund zu öffnen, dann würde die Lage nur noch schlimmer werden. b) Die Bibel befiehlt uns, uns vor der Befleckung durch die Welt zu hüten, und die Auslagerung dieses entwürdigenden Materials würde uns dabei helfen, frei von Verunreinigung zu bleiben. c) Bei dem beanstandeten Material handelte es sich um einen unnötigen Angriff auf die Familie (einschließlich kleiner Kinder, bei denen derartiges Material einen tiefen Eindruck hinterläßt). d) Irgend jemand mußte unsere selbstzufriedene Gesellschaft schließlich erschüttern!

Die stellvertretende Geschäftsführerin rief mich umgehend zurück, und nach einem langen Gespräch vereinbarten wir, ein äußerst wichtiges Treffen auf breiterer Basis einzuberufen. Dieses Treffen, das zwei Monate später mit den Geschäftsführern und leitenden Mitarbeitern der Firma auf der einen Seite und mir, meiner Frau und einem weiteren Pastor auf der anderen Seite stattfand, führte zu einem weiteren Treffen. Bei diesem zweiten Treffen hatte ich das Vergnügen, die Marketing-Leiter der Hearst-Corporation, die *zugleich Herausgeber von Good Housekeeping und des Cosmopolitan* waren, sanft mit ihrer Sünde zu konfrontieren: Es war einfach gegen die Familie, gegen die Moral und gegen Gott, solchem Ehebruch und solcher Unmoral Vorschub zu leisten.

Selbstverständlich meinten sie, ich sei unfair. „Schließlich", so sagten sie, „müssen wir doch auch eine ganze Menge richtig machen. Der *Cosmopolitan* ist an der siebten Stelle der führenden Print-Erzeugnisse in den Vereinigten Staaten." Was sie dabei aber ganz vergaßen, war, daß *Penthouse* an der sechsten Stelle war und der *National Enquirer* und *Star* sogar auf den Plätzen drei und vier lagen. (Wen nimmt es Wunder, daß unser Land sich in einem solch desolaten Zustand befindet?)

Das Management und der Vorstand von Giant überlegten sich die ganze Sache und entschieden sich, *gar nichts zu tun*. Wir versprachen ihnen, daß wir etwas tun würden. Wir würden in den örtlichen Gemeinden Petitionen herumgehen lassen, in welchen wir die Mitglieder aufforderten, Giant zu drängen, die beanstandeten Materialien zu *verlagern* (nicht aus dem Sortiment herauszunehmen). Ansonsten würden wir mit unserem Umsatz zu denjenigen Supermärkten gehen, die *bereit waren*, diesen Müll zu verlegen. Wir entschieden uns, mit einer nationalen Tageszeitung Kontakt aufzunehmen, die eine Auflage von etwa 42 000 erreicht, das *Montgomery Journal*. Wir hatten damals noch keine Vorstellung davon, was als nächstes geschehen würde.

Die Herausgeber des *Journal* gaben ihrem Interesse Ausdruck, über diese Ereignisse zu berichten, aber uns stand eine Überraschung bevor: Am Montag, den 5. August wurde auf der Titelseite darüber berichtet! Und jawohl, das bedeutete auch ein Photo auf der Titelseite, mit dem Untertitel: „Warum lächelt dieser Mann nicht?" Auf Seite drei folgte dann ein Bericht in voller Länge unter der Überschrift: „Versuchte Bekehrung des Giganten". Es wurde zu einer der heißesten Neuigkeiten in der ganzen Gegend.

Der Artikel im *Journal* enthielt Zitate aus dem ACLU (irgendwie gelang es ihnen, uns der Zensur zu bezichtigen) und von Helen Gurley Brown, Herausgeberin des *Cosmopolitan* (die ganz offensichtlich wenig glücklich war). Und innerhalb von nur wenigen Stunden war die ganze Sache von der AP Nachrichtenagentur für die *gesamte Nation* erfaßt worden. In den Büros in unserer Schule standen die Telefone nicht mehr still: Weltliche Radiosender wollten Telefon-Interviews in ihren live-Sendungen haben, Nachrichtenagenturen baten um kurze Stellungnahmen am Telefon, ein lokaler Fernsehsender wollte sogar einen kurzen live-Bericht für ihre 18.00 Uhr Nachrichten, während eine andere TV-Gesellschaft direkt ein Kamerateam in unser Büro schickte, um dort ein Interview durchzuführen. Und das war nur der erste Tag!

Während der folgenden Wochen wurde in unzähligen Radiosendungen und TV-Nachrichten über die Ereignisse berichtet (und z. T. kritisiert); wir wurden im Leitartikel der *Washington Post* Finanzsektion angegriffen („Giant widersteht militantem Druck"); in der *Baltimore Sun* wurde über unsere Bemühungen berichtet (dabei entschuldigten sie sich noch, uns nicht auf die erste Seite gesetzt zu haben, aber, so erklärten sie, die Sowjetunion war am Zusammenbrechen!). Es gab live-Auftritte in mehreren Radiosendungen, bei denen die Zuhörer anrufen konnten (diese Auftritte waren hart und heftig, obwohl der erste Moderator sich letzten Endes dann doch auf unsere Seite stellte), ebenso wie mehrere live TV-Nachrichten oder Talkshows. Einer meiner Freunde hörte sogar, wie mich ein völlig Fremder verfluchte, während er in einem Supermarkt an der Kasse stand: „Wer denkt dieser Mike Brown [nähere Beschreibung hier weggelassen] eigentlich, daß er ist? Sagt uns, was wir lesen dürfen und was nicht!" (Selbstverständlich haben wir *niemals irgend jemandem* Vorschriften darüber gemacht, was er lesen kann und was nicht.) Und zusätzlich wurde über die Sache national im christlichen Radiosender unter *Familien-Nachrichten im Fokus* berichtet. Und all diese Aufregung erhob sich wegen der einfachen Bitte, das, was die Medien den „Supermarkt-Schund" nannten, von den Kassenbereichen zu entfernen und in einen anderen Teil des Geschäfts zu verlagern!

In den Zeitungen erschienen Leserbriefe und Leitartikel, die mir meine Freunde zur Ansicht zusandten. Ein Leitartikel begann so: „Selbsternannter Sittenwächter sorgt sich um öffentlichen Geschmack. Nieder mit Michael Brown ..." (Ich erwiderte darauf mit einem Brief, der unter dem Titel: „Nieder mit den Verbreitern von Schmutz" veröffentlicht wurde.) Manche der Leser stellten sich auf unsere Seite. Andere trieb es fast zur Weißglut: „Ich rieche einen Fanatiker ... Nieder mit Brown für seinen wahnwitzigen Versuch, die Gesellschaft von dem zu erretten, was uns seiner Meinung nach beleidigen müßte." Rudolph Pyatt fand in seiner Wirtschafts-Spalte für die *Washington Post* recht klare Worte und bezog sich auf unsere „Drohungen [wie etwa eine Petition oder unter Umständen die Ladenkette zu wechseln], die, sobald man sie ihrer scheinbaren aufrichtigen Entrüstung entkleidet hat, doch verblüffende Ähnlichkeiten mit den Taktiken aufweisen, welche von den unerquicklicheren Elementen in den protektionistischen Reihen der Wirtschaftskriminellen angewandt werden"! (Selbstverständlich veröffentlichte die *Post* meine Erwiderung auf diesen Artikel ebenfalls.)

Mein Terminplan wurde völlig auf den Kopf gestellt. Es ging unglaublich hektisch zu. Aber an fast jedem Tag hatte ich die Gelegenheit, mit Pressevertretern oder Nachbarn über den elenden moralischen Zustand unserer Nation zu sprechen. „Haben wir vor zwanzig Jahren unsere Kinder und Familien mit sexuellem Schund *in den Lebensmittelgeschäften* bombardiert?" Inzwischen war es doch so, daß wir an den Kassenschaltern völlig „vereinnahmt" waren, wie es eine Zeitung nannte. Was war aus unseren moralischen Ansprüchen geworden?

Aber da wartete noch eine weitere Überraschung auf uns. Ein jüdischer Artikelschreiber für das *Montgomery Journal* las von unseren Bemühungen und sagte sich: „Das klingt doch nicht jüdisch!" (In vielen der Artikel war ich als „messianischer Jude" bezeichnet worden.) Und so schrieb er einen Artikel, in dem er unsere *religiöse Überzeugung* angriff. Dieser Artikel hatte die Überschrift: „Warum tun einige Christen in der Region so, als wären sie Juden?" Es war ein miserables, unfaires Journalistenstück, das in aller Eile für die Drucklegung zusammengestellt worden war. Aber es enthielt einige Zitate aus unseren Publikationen und predigte so unbeabsichtigt sogar das Evangelium!

Ich rief bei der Zeitung an, um mich zu erkundigen, ob es ein Organ gab, durch welches ich darauf erwidern konnte. Und sie gaben mir meine eigene Spalte! Dort hatte ich nun das unglaubliche Vorrecht, den Anspruch Jesu als den Messias der Juden darlegen zu können, ohne auch nur einen Pfennig für die Veröffentlichungen ausgeben zu müssen. Und nicht nur das; das *Journal* erhielt auch noch viele andere Zuschriften von erbosten Lesern (zum größten Teil jüdische Gläubige), und sie veröffentlichten diese Briefe zusammen mit meinem Artikel. Wir hatten also fast eine vollständige Zeitungsseite, um das Evangelium vor allem unseren Mitjuden zu predigen! *Und all das kam, nur weil meine Frau mich gedrängt hatte, etwas gegen das anstößige Material an den Kassenschaltern in den Lebensmittelläden zu unternehmen.* Das ist die gute Nachricht.

Die schlechte Nachricht ist, daß Giant zwar die Boulevardblätter (aber keine Zeitschriften, nicht einmal den *Cosmopolitan*) von je einem Kassenschalter (der sogenannten „Süßwarenfreien" Kasse für alle Eltern, die vermeiden wollen, daß ihre Kinder durch die Süßwaren zum Quengeln verführt werden, während sie an der Kasse warten) in all seinen Filialen entfernte, sich aber sonst weigerte, irgend welche weiteren Schritte zu unternehmen. *Wir konnten ihnen keinen ausreichend starken Grund zu handeln liefern*, denn die wahrhaft schlechte Nachricht ist, daß wir nur einige wenige Gemeinden um uns scharen konnten. Nach viel Gebet und zahlreichen Anrufen und Briefen von unserem Büro, als wir nur ein paar tausend Unterschriften sammeln konnten (anstelle der 10 000, die wir eigentlich anvisiert hatten), ließen wir unsere Bemühungen fallen. Wir erkannten, daß wir ohne Einheit in der Gemeinde nur eine Niederlage erkämpfen konnten. Ganz offensichtlich war ich nicht der Mann, der diese Pastoren zusammenbringen konnte, nicht einmal bei einer solch einfachen Angelegenheit. Und manchen von ihnen erschien selbst das Unterschreiben einer Petition als zu radikal, während andere mich einfach nicht genug kannten, um sich am Kampf zu beteiligen. (Ich richte keinen dieser Pastoren in irgendeiner Weise; ich berichte hier nur, was geschah.)

Aber wir lernten eine ganz zentrale Lektion: Wann immer das Volk Gottes, geführt und ausgerüstet vom Heiligen Geist, Sünde und Ungerechtigkeit in einer Gesellschaft konfrontiert, wird sich daraus immer die Möglichkeit ergeben, das Evangelium zu verkündigen. *Das vorliegende Buch ist eine biblische Herausforderung an jeden einzelnen von uns aufzustehen und das Evangelium offensiv zu predigen.* Es ist ein Ruf, die Selbstzufriedenen zu erschüttern!

Kapitel Eins wurde im Herbst 1991 geschrieben, kurz nach dem Vorfall der Ereignisse, die in diesem Vorwort beschrieben werden. Die anderen Kapitel folgten dem sehr bald, obgleich der größte Teil des Materials zwischen Ende 1992 und Anfang 1993 geschrieben wurde.

Während der Fertigstellung des Buches fielen mir zwei Dinge ins Auge: Ich hatte besonders häufig William Booth, den Gründer der Heilsarmee, zitiert, und das ganze Thema „Märtyrertum" kam in den Kapiteln überraschend häufig vor. Kann es hier eine weitere Lektion für uns geben? Ist es jetzt an der Zeit, daß sich eine neue, radikale Armee erhebt, die ebenso brennend und hingegeben ist, um um jeden Preis Seelen zu gewinnen, wie es die ursprünglichen Mitarbeiter der Heilsarmee waren? Und kann es sein, daß manche von uns berufen sind, *in dieser Generation* ihr Leben für die Wahrheit niederzulegen, hier im Westen? Möge Gott uns die Gnade geben, fest zu stehen.

Einmal mehr ist es mir ein ganz besonderes Vergnügen, Leonard und Martha Ravenhill zu danken, treue Heilige mit über achtzig Jahren, die mich immer wieder mit ihrer Liebe und Fürbitte aus zerbrochenen Herzen angespornt haben; meinen Mitarbeitern, John und Joanne Cava, die dazu beitrugen, diese Themen im Gebet zur Geburt zu bringen; Don Nori, Direktor von Destiny Image, der mich drängte, dieses Buch *jetzt* zu schreiben, nachdem er die ersten Kapitel letzten Herbst gelesen hatte; und meiner treuen Mitstreiterin und geliebten Frau Nancy, für ihre kompromißlose Ehrlichkeit und Loyalität. Und mehr als allen andern noch, ist es mir eine besondere Freude, meinem besten Freund Jesus zu danken, der niemals enttäuscht oder versagt. Joseph Caryl (1602 – 1673) sagte sehr trefflich: „Er ist zu allen Zeiten der beste Freund, und zu manchen Zeiten der einzige Freund." Gott sei Dank für einen solch wunderbaren Retter!

Unsere religiöse Neutralität wird bedroht, wo jemand, den wir gut kennen, seine geistliche Hingabe ernst nimmt und sich weigert, länger mit dem lebendigen Gott ein leichtfertiges Versteckspiel zu betreiben.

Carl F. H. Henry

Es ist im Rahmen der vergebenden Gnade möglich, zu einem Zustand derartiger vollkommener Einheit mit Christus zu gelangen, daß die Welt ganz instinktiv auf uns ebenso reagieren wird, wie auf ihn, als er noch im Fleisch unter uns war.

A. W. Tozer

Laß die Welt die Stirne runzeln – laß den Satan wüten – aber geh' du weiter! Lebe für Gott! Laß mich auf dem Schlachtfeld sterben.

James B. Taylor

Wenn ihre Häuser in Flammen stünden, würdest du rennen, ihnen zu helfen. Willst du ihnen jetzt nicht helfen, da ihre Seelen beinahe im Feuer der Hölle stehen?

Richard Baxter

Ach, wenn wir euch mehr liebten, erzählten wir euch mehr über die Hölle. Die euch nicht warnen, lieben euch nicht, ihr armen Sünder, würdig der Hölle. Ach, seid dessen eingedenk, daß Liebe warnt.

Robert Murray M'Cheyne

Kapitel Eins

Das offensive Evangelium

Das Volk Gottes ist berufen, die Selbstzufriedenen zu erschüttern. Wir sind nicht zu einem friedlichen Zusammenleben mit dieser sündigen Gesellschaft berufen. Wir sind berufen, sie zu konfrontieren. Wir sind nicht zu einem Leben der Bequemlichkeit berufen. Wir sind zu einem Leben der Zusammenstöße berufen. Jesus nachzufolgen bedeutet nicht, unsere selbstsüchtigen Wünsche zu erfüllen. Es bedeutet, sie zu kreuzigen. Sind wir bereit, in die Fußstapfen unseres Retters zu treten?

Erinnern Sie sich daran, daß die Welt Jesus haßte. Den Menschen wurde es sehr unbehaglich in seiner Nähe. Er enthüllte Sünde. Er tadelte Ungerechtigkeit. Er ließ sich auf keine Kompromisse ein. Er hielt sich nicht zurück. *Und er wurde von einer gottlosen Welt ans Kreuz genagelt*. Warum sollte es uns anders ergehen?

Er wurde abgelehnt; wir wollen angesehen sein. Er wurde als Radikaler gesehen; wir wollen als vernünftig anerkannt werden. Er wurde beschuldigt, einen Dämon zu haben; wir werden gepriesen, einen Doktortitel zu haben. Er wurde verärgert; wir wollen verstanden werden. Er gab nichts auf das Lob von Menschen; wir leben davon. Nimmt es da noch Wunder, daß wir hier so wenig für ihn erreichen?

Warum wurde Johannes der Täufer enthauptet? Warum wurde Stephanus gesteinigt? Warum wurde Paulus verfolgt? War es, weil sie ihren Freunden die Vier Geistlichen Gesetze mitteilten? War es, weil sie diesen Freunden sagten, sie könnten ein besseres Leben führen, wenn sie nur Jesus einladen würden? War es, weil sie denen, die ihren Zehnten in ihren Dienst gaben, Wohlstand und Überfluß versprachen? Nein. *Es war, weil sie ein offensives Evangelium predigten*. Das ist das einzige Evangelium, das es gibt!

Sehen wir uns einmal Johannes 16,5-11 an. Jesus spricht hier vom Dienst des Geistes. Bald würde Jesus seine Jünger verlassen – aber nicht als Waisen. Er würde den Heiligen Geist senden, und der Geist würde die Arbeit übernehmen. Jesus sagte sogar ganz deutlich, daß es besser sei, wenn er wegginge, damit der Geist Gottes kommen konnte. Was genau würde der Geist tun?

> Und wenn er gekommen ist, wird er die Welt überführen von Sünde und von Gerechtigkeit und von Gericht. Von Sünde, weil sie nicht an mich glauben; von Gerechtigkeit aber, weil ich zum Vater gehe und ihr mich nicht mehr seht; von Gericht aber, weil der Fürst dieser Welt gerichtet ist. (Johannes 16,8-11)

Das sind absolut erstaunliche Worte! Der Heilige Geist kam, um den Sohn zu verherrlichen. *Und er beginnt damit, die Welt von Sünde, von Gerechtigkeit und von Gericht zu überführen.* Wie oft hören wir davon? Wie oft bitten wir Gott, seinen Geist zu senden, um Überführung zu bringen und Sünde bloßzustellen? Dabei ist es doch gerade das, was Menschen zu Jesus hinführt; schließlich gibt es ohne Überführung keine Bekehrung, und ohne Überführung hat das Kreuz keinen Sinn. Andrew Bonar bemerkte dazu:

> Wenn er eine Seele dem Retter zuführt, bringt der Heilige Geist diese unweigerlich [oder zumindest üblicherweise!] in einen Zustand der tiefen Sündenerkenntnis.[1]

Das ist eine zerschmetternde Erfahrung für das stolze, unabhängige Fleisch.

Samuel Logan Brengle, der glühende Seelengewinner der Heilsarmee, sagte:

> Die Menschen fielen unter der Kraft der Predigten Wesleys, Whitfields, Finneys und all der anderen, wie im Kampf gefällt. Vielleicht gibt es nicht zu allen Zeiten die selben körperlichen Auswirkungen, aber es gibt auf jeden Fall immer die selbe Erkenntnis bezüglich der geistlichen Dinge, einen Zerbruch des Herzens und ein durchbohrtes

Gewissen. Der Geist wird oft während der Predigt eines Mannes, der mit dem Heiligen Geist erfüllt ist, wie ein Wind auf die ganze Versammlung kommen, und die Köpfe werden sich senken, die Augen von Tränen überfließen und die Herzen unter der überführenden Kraft brechen ... [Dies] sollte ein normaler Anblick unter den Predigten aller Diener Gottes sein; wozu sind wir denn gesandt, wenn nicht um Menschen von ihrer Sünde und ihrer Not zu überführen und sie durch die Kraft des Geistes zum Retter zu führen?[2]

Und bei solcher Predigt wird es nicht nur zur Überführung kommen, gemeinhin, wenn nicht immer, wird es zur Bekehrung und Heiligung kommen.

Lassen Sie uns den Dienst von Johannes betrachten, dem Wegbereiter Jesu. Seine Taufe der Buße war keine abstrakte geistliche Mission. Seine Predigt bezog sich auf das alltägliche Leben und befaßte sich mit alltäglichen Sünden. Den Zöllnern, die Buße taten, sagte Johannes: „Fordert nicht mehr, als euch bestimmt ist" (Lukas 3,13). Den zerbrochenen Soldaten sagte er: „Tut niemand Gewalt, und erpreßt niemanden, und begnügt euch mit eurem Sold!" (Lukas 3,14). Den religiösen Heuchlern sagte er: „Otternbrut! Bringt der Buße würdige Frucht. Vertraut nicht auf eure geistliche Abstammung" (vgl. Matthäus 3,7-10). Mit anderen Worten, sagt nicht: „Ich bin evangelisch, oder katholisch, oder Wort des Glaubens, oder Baptist, oder messianischer Jude, oder Charismatiker, oder apostolisch ..." Gott ist von Titeln nicht beeindruckt. Er fragt nach der Frucht eines veränderten Lebens!

Was sagte Johannes zu Herodes? Sagte er: „Glaube nur"? Sagte er: „Du bist der König. Für dich werde ich meine Botschaft verändern"? Nein! Johannes tadelte den König für seine bösen Taten, besonders wegen seiner ehebrecherischen Heirat (vgl. Lukas 3,19). In den Augen Gottes war das überhaupt keine rechtmäßige Ehe. (Wie viele unserer *heutigen* „Ehen", die von der Kirche gesegnet und vom Klerus unterstützt werden, sind in seinen Augen ebenfalls ehebrecherisch?) Herodes, der König, war ein Sünder. Dieser bekannte und einflußreiche Leiter mußte

Buße tun. Johannes zog ihn zur Rechenschaft. *Das* ist Teil der Predigt des Evangeliums.

Aber Johannes war nicht nur ein Prediger des Gerichts. Der Zweck seines Kommens in die Welt war völlig eindeutig: „Ich kannte ihn nicht; aber damit er Israel offenbar werde, deswegen bin ich gekommen, mit Wasser zu taufen" (Johannes 1,31). Johannes der Täufer war gekommen, um Jesus Israel bekannt zu machen! Wie für den Heiligen Geist war es das einzige Ziel von Johannes, die Menschen zu Jesus hinzuführen. Und wie der Heilige Geist begann er damit, ihre Sünde bloßzustellen. *Daraufhin* – nackt, bloßgestellt und schuldig – schrien die Menschen in ihrer Buße zu Gott. *Daraufhin* waren sie bereit für ihren Retter. Wie die Israeliten in der Vergangenheit schrien sie nur zum Herrn, wenn sie von der Schlange gebissen im Sterben lagen. „Heile uns, o Herr!" (vgl. 4. Mose 21,4-9)

Johannes der Täufer hatte den größten Dienst unter allen Propheten des Alten Bundes. Er war berufen, den Weg des Herrn zu bereiten. Er tat dies, indem er Buße predigte. Er tat es, indem er die Selbstzufriedenen erschütterte. Und bis heute hat sich daran nichts geändert – außer unserer Botschaft und unseren Methoden! Wir denken, wir wüßten es besser. Wir denken, wir wären aufgeklärter. Wir denken, wir hätten eine höhere Ebene erreicht. Aber haben wir das wirklich?

Als Johannes predigte, riefen die Leute: „Was sollen wir tun?" Heute schätzen wir uns schon glücklich, wenn wir die Menschen dazu überreden können, im Gottesdienst nach vorne zu kommen, um ein Zwei-Minuten-Gebet zu sprechen. Als Johannes predigte, ohne Aufregung, ohne Hollywood, keine Werbetrommel und kein Lautsprecher, kamen riesige Menschenmassen. Heute, mit den Massenmedien an der Hand und cleveren Verkaufstechniken im Ärmel, können wir kaum einen Hörsaal füllen. Und wenn es doch einmal gelingt, die Bude voll zu bekommen, so haben wir dabei kaum eine Auswirkung auf die Bevölkerung des Himmels. Weniger als 15% der Verlorenen, die auf einen Aufruf hin nach vorne kommen, gehen letztlich mit dem Herrn weiter!

Denken Sie nur einmal darüber nach: Ohne daß irgendwelche Synagogen zusammenarbeiteten und ohne irgendwelche Organisationskomitees kamen ganz Jerusalem und Judäa zusammen, um die kompromißlose Botschaft der Predigt des Johannes zu hören. Heute kostet es ungeheure Anstrengungen bei der Zusammenarbeit und enorme Koordinationsbemühungen, um 20 000 Seelen zu versammeln. Und dann, nach alle dem, sind die meisten derer, die tatsächlich kommen, bereits gerettet! Und weshalb kommen sie? Um eine schwungvolle Predigt zu hören! Eine positive Botschaft! Das christliche Gegenstück zu einer anregenden Verkaufsveranstaltung! Wir haben den Dienst des Johannes ganz sicher *nicht* verbessert.

Was ist mit dem Dienst des Stephanus? Konnten wir da Verbesserungen erzielen? Stephanus war ein Mann „voller Gnade und Kraft, [und] tat Wunder und große Zeichen unter dem Volk. Es standen aber einige ... auf ..." (Apostelgeschichte 6,8-9). Warum? Sein Zeugnis war bedrohlich und seine Botschaft eine Drohung – gegen das religiöse Etablissement. Als sie aber versuchten, gegen ihn aufzustehen, „konnten [sie] der Weisheit und dem Geist nicht widerstehen, womit er redete." (Apostelgeschichte 6,10). Als seine Ankläger ihn dann zur Vernehmung vorführten:

> ... [schauten] alle, die im Hohen Rat saßen, ... gespannt auf ihn und sahen sein Angesicht wie eines Engels Angesicht." (Apostelgeschichte 6,15)

Hier war ein Mann, der sich auf keine Kompromisse einließ, ein Mann überströmend von Gott. Hier war ein Mann, der völlig für Gott entbrannt war, eine flammende Fackel in der Hand des Herrn. *Und er besiegelte sein Leben, als er die religiöse Heuchelei konfrontierte.* So gab er Zeugnis für Jesus! Er tadelte sein Volk Israel für ihre Halsstarrigkeit, dafür, dem Heiligen Geist zu widerstehen, dafür, die Propheten zu verfolgen, dafür, den Herrn verraten und ermordet zu haben und dem Gesetz nicht zu gehorchen. Seine Botschaft machte die Leiter rasend.

> ... sie knirschten mit den Zähnen gegen ihn. *Da er aber voll Heiligen Geistes war* und fest zum Himmel schaute, sah er die Herrlichkeit Gottes und Jesus zur Rechten Gottes stehen; und er sprach: Siehe, ich sehe den Himmel

geöffnet und den Sohn des Menschen zur Rechten Gottes stehen! (Apostelgeschichte 7,54-56)

Was für ein Anblick! Dieser Mann war völlig ergriffen und verzehrt, voll Leidenschaft und Kraft. Dieser Mann kannte das Herz Gottes, und er predigte das Herz Gottes – er tadelte und schalt sein widerspenstiges Volk, weil sie ihren Retter ablehnten. Und die Herrlichkeit Gottes erschien.

Das war mehr, als die Menschen ertragen konnten. In rasender Wut „hielten [sie] ihre Ohren zu und stürzten einmütig auf ihn los. Und als sie ihn aus der Stadt hinausgestoßen hatten, steinigten sie ihn" (Apostelgeschichte 7,57-58), aber nicht ohne daß der sterbende Heilige vorher seinen Geist in die Hände des Herrn gelegt und für seine Angreifer Fürbitte getan hatte. „Saulus aber willigte in seine Tötung ein" (Apostelgeschichte 8,1). Sehr bald war Saulus, der Erzverfolger des Volkes Gottes, auch einer von ihnen. Könnte es sein, daß er die Predigt des Stephanus nicht einfach abschütteln konnte? (Eigentlich war es ja die Predigt des Geistes.) Könnte es sein, daß das Todesgebet von Stephanus für Saulus Frucht trug? „Herr, rechne ihnen diese Sünde nicht zu" (Apostelgeschichte 7,60) oder rechne sie ihm nicht zu?

Eine Botschaft der Konfrontation bewirkte ein Bekehrungswunder. Und die Welt war nie wieder die gleiche. Heilige Überführung kam über Saulus!

Wie lautete nun *seine* Botschaft? Als Paulus (Saulus) in Cäserea war, ließen ihn Felix und seine jüdische Frau Drusilla holen und „hörten ihn über den Glauben an Christus" (Apostelgeschichte 24,24). Aber Paulus sagte nicht einfach nur: „Glaube an Jesus!" Paulus sprach „über Gerechtigkeit und Enthaltsamkeit und das kommende Gericht" (Apostelgeschichte 24,25). *Das* war ein Teil der Botschaft des Paulus vom „Glauben an Jesus Christus"! Wie viele evangelistische Botschaften hören wir heute, die sich mit Themen wie „Gerechtigkeit und Enthaltsamkeit und das kommende Gericht" beschäftigen? Könnte es sein, daß Paulus etwas über die Predigt des Evangeliums wußte, was wir nicht wissen?

Als er aber ... redete, wurde Felix mit Furcht erfüllt und antwortete: Für jetzt geh hin! Wenn ich aber gelegene Zeit habe, werde ich dich rufen lassen. (Apostelgeschichte 24,25)

Die Predigt des Gefangenen Paulus machte den Statthalter nervös! Seine Botschaft ging Felix unter die Haut. Paulus hatte sein Thema sehr weise gewählt; von den Historikern wissen wir, daß Felix im Ehebruch lebte. Als er Drusilla begegnete, war sie mit einem anderen verheiratet. Aber Felix, von ihrer Schönheit überwältigt, nahm sie entgegen dem Gesetz zur Frau. (Eigentlich war sie bereits seine dritte Frau.) Als Paulus dann über „Gerechtigkeit und Enthaltsamkeit und das kommende Gericht" sprach, war es mehr, als Felix ertragen konnte. Deswegen wurde er von Furcht erfüllt und sagte: „Das ist genug für heute!"

Die Predigten von Johannes in der Wüste erzürnten König Herodes derart, daß er Johannes ins Gefängnis steckte. Die Botschaft des Stephanus brachte den Hohen Rat derart in Rage, daß diese erlesene Gruppe ausgewählter Gelehrter sich in einen rasenden Mob verwandelte. Und die Abhandlung des Paulus traf so sehr auf einen empfindlichen Nerv, daß der Statthalter und seine Frau aufgerüttelt wurden.

Hier waren also drei Männer, die mit dem Geist erfüllt waren und ein geisterfülltes Wort predigten. Letzten Endes kostete es sie ihr Leben. Ihre Botschaft erregte so viel Widerstand, daß sie um ihrer *Worte* willen umgebracht wurden. (Nehmen Sie sich einmal einen Augenblick, um darüber nachzudenken.) *Sie predigten ein offensives Evangelium.* Werden wir ihrem Beispiel folgen?

Gebt mir einhundert Männer, die nichts fürchten außer der Sünde und nichts verlangen außer Gott, und ich werde die Welt erschüttern.

John Wesley

O, um eine völlige Hingabe an den Geist! ... Wo immer zu jeglichem Zeitpunkt der Kirchengeschichte es nur eine kleine Gruppe gab, die in den Händen des göttlichen Geistes form- und biegbar war, da ging ein neues Pfingsten auf.

James Alexander Stewart

Du kommst zu mir mit Schwert, Lanze und Krummschwert. Ich aber komme zu dir mit dem Namen des HERRN der Heerscharen, des Gottes der Schlachtreihen Israels, den du verhöhnt hast ... Und diese ganze Versammlung soll erkennen, daß der HERR nicht durch Schwert oder Speer errettet. Denn des HERRN ist der Kampf, und er wird euch in unsere Hand geben! (An Goliath und die Philister gerichtet.)

David (1. Samuel 17,45.47)

Ein Unglück für dich, mir gilt es nicht mehr als ein Strohhalm. (George Foxs Antwort zu einem Mann, der ihm mit einem gezogenen Schwert entgegen trat.)

George Fox

Wenn Gott nicht so treu mein Freund wäre, wäre Satan nicht so erbittert mein Feind.

Thomas Brooks

Wenn du die Menschen so verläßt, wie du sie vorgefunden hast, so redet Gott nicht durch dich. Wenn du die Menschen nicht entweder erzürnst oder erfreust, so fehlt etwas an deinem Dienst. Wenn du nicht im Kampf stehst, hast du deine Arbeit nicht getan.

Smith Wigglesworth

Kapitel Zwei

Die Unruhestifter Gottes

Der Herr sucht keine Unruhestifter – nur um der Unruhe selbst willen. Das Wort ist völlig eindeutig:

> [Setzt] eure Ehre darein ..., still zu sein und eure eigenen Geschäfte zu tun und mit euren Händen zu arbeiten ..., damit ihr anständig wandelt gegen die draußen ... (1. Thessalonicher 4,11-12)

> Jagt dem Frieden mit allen nach. (Hebräer 12,14)

> Ich ermahne nun vor allen Dingen, daß Flehen, Gebete, Fürbitte, Danksagungen getan werden für alle Menschen, für Könige und alle, die in Hoheit sind, damit wir ein ruhiges und stilles Leben führen mögen, in aller Gottseligkeit und Ehrbarkeit. (1. Timotheus 2,1-2)

> Glückselig die Friedensstifter, denn sie werden Söhne Gottes heißen. (Matthäus 5,9)

Nein, der Herr hat uns nicht berufen, für unsere Dummheit oder Faulheit zu leiden, oder für beleidigendes und anstößiges Verhalten. Petrus hat uns angewiesen:

> Denn niemand von euch leide als Mörder oder Dieb oder Übeltäter oder einer, der sich in fremde Sachen mischt. (1. Petrus 4,15)

Da ist nichts Herrliches dabei, für unsere Sünden zu leiden!

Aber wir können uns einer Sache sicher sein: Wenn wir Jesus nachfolgen, *werden* wir leiden und wir *werden* in Schwierigkeiten geraten und Unruhe stiften. Es ist einfach unvermeidlich!

> Denn hierzu seid ihr berufen worden; denn auch Christus hat für euch gelitten und euch ein Beispiel hinterlassen, damit ihr seinen Fußspuren nachfolgt. (1. Petrus 2,21)

Und was für ein Beispiel er hinterlassen hat!

> Wenn sie den Hausherrn Beelzebul genannt haben, wieviel mehr seine Hausgenossen. (Matthäus 10,25b)

(Erinnern Sie sich, wie die Welt Jesus behandelt hat; und dann hören Sie auf seine Worte „wieviel mehr"!)

Der Sohn Gottes war völlig schuldlos und absolut vollkommen in seinem Charakter und Verhalten; und dennoch verspottete und verleumdete ihn diese Welt, verachtete und verlachte ihn, verfluchte und kreuzigte ihn – und sie tut das bis heute noch. Wußte Jesus, worüber er sprach, als er uns warnte?

> Wehe, wenn alle Menschen gut von euch reden, denn ebenso taten ihre Väter mit den falschen Propheten. (Lukas 6,26)

Warum sollte es uns in irgend einer Weise besser ergehen als Jeremia oder Paulus?

> Und ihr werdet von allen gehaßt werden um meines Namens willen. Wer aber ausharrt bis ans Ende, der wird errettet werden. (Matthäus 10,22)

Haß ist ein recht starkes Wort! Bedeutet es irgend etwas für uns, daß alle Apostel außer einem den Märtyrertod gestorben sind?

Sehen Sie sich einmal das Muster in der Apostelgeschichte an. Arthur Wallis schrieb hier über die apostolische Predigt:

Eine solche Predigt wird, weil sie Gleichgültigkeit unmöglich macht, die Zuhörer immer in eins von zwei Lagern teilen. Sie ist bestimmt, entweder Erweckung oder Aufruhr hervorzubringen.[3]

Apostolische Worte und Taten rufen nicht geringe Aufregung hervor!

In Lystra wollte die Menge Paulus zuerst ein *Opfer* bringen, nachdem ein großes Wunder geschehen war, und nur Augenblicke später *steinigten* sie ihn. (Vgl. Apostelgeschichte 14,8-20) Mußte man da Paulus noch fragen, was er denn genau meinte, als er kurze Zeit später lehrte: „Wir [müssen] durch viele Bedrängnisse in das Reich Gottes hineingehen" (Apostelgeschichte 14,22)?

In Philippi konfrontierte Paulus den Wahrsagegeist in einer Sklavin. Und im nächsten Moment wurden er und Silas zu den Vorstehern geschleppt:

> Diese Menschen, die Juden sind, verwirren ganz und gar unsere Stadt und verkündigen Gebräuche, die anzunehmen oder auszuüben uns nicht erlaubt sind, da wir Römer sind. (Apostelgeschichte 16,20-21)

Alles, was sie dabei taten, war Jesus zu predigen und Dämonen auszutreiben. Aber was könnte offensiver sein als das?

> Und die Volksmenge erhob sich zusammen gegen sie, und die Hauptleute rissen ihnen die Kleider ab und befahlen, sie mit Ruten zu schlagen. (Apostelgeschichte 16,22)

Aber die Geschichte ist hier noch nicht zu Ende. Etwa um Mitternacht, als sie beteten und Gott lobsangen – dabei waren ihre Füße im Block eingeschlossen, ihre Leiber von Schmerzen gequält, aber ihr Geist erhob sich gen Himmel – da sandte Gott ein Erdbeben, welches das ganze Gefängnis erschütterte. Es ist fast schon zu viel, um es zu glauben, aber es geschah wirklich. Das Evangelium ließ *alles* erzittern. Die Hauptleute kamen anschließend persönlich zum Gefängnis, um diesen apostolischen Männern gut zuzureden (schließlich waren Paulus und Silas römische Bürger) und sie zu *bitten, die Stadt zu verlassen* (vgl. Apostelgeschichte 16,23-39).

Dann in Thessalonich ging Paulus in die Synagoge, wie es seine Gewohnheit war, und eröffnete und legte aus der Schrift dar, daß Jesus der Messias sei (Apostelgeschichte 17,1-4). Wie höflich und wohlerzogen!

> Die Juden aber wurden eifersüchtig und nahmen einige böse Männer vom Gassenpöbel zu sich, machten einen Volksauflauf und brachten die Stadt in Aufruhr ... (Apostelgeschichte 17,5)

und das alles, weil Paulus das Evangelium predigte! Diesmal hatte es keine Wunder gegeben (wie in Lystra) und keine ausgetriebenen Dämonen (wie in Philippi); es hatte nur eine gute öffentliche Bibellehre stattgefunden. *Und trotzdem gab es einen Aufstand.*

> Als sie sie [Paulus und Silas] aber nicht fanden, schleppten sie Jason und einige Brüder vor die Obersten der Stadt und riefen: Diese, die den Erdkreis aufgewiegelt haben, sind auch hierher gekommen. (Apostelgeschichte 17,6)

Inzwischen hatten sich die Gläubigen einen ganz beachtlichen Ruf erworben! Und der ganze Streit entzündete sich an einer Sache, oder vielleicht besser, an einer Person: *Jesus.* (Lesen Sie Apostelgeschichte 17,7!) Einige der Juden in Thessalonich waren so wütend über diese jüdische Botschaft eines jüdischen Messias, die von einem jüdischen Apostel gepredigt wurde, daß sie auch noch in Beröa die Volksmassen beunruhigten und gegen Paulus erregten (Apostelgeschichte 17,13). (Beachten Sie hier das Wort *Volksmassen*: das Evangelium zieht die Aufmerksamkeit auf sich.)

Können Sie langsam das Bild erkennen? Ein Grund, warum die Bibel uns ermahnt, uns um unsere eigenen Geschäfte zu kümmern und uns um einen guten Ruf bei denen draußen zu bemühen, ist, daß *das Evangelium selbst schon genug Unruhe an sich stiftet.* Selbst wenn wir uns bemühen, uns von Schwierigkeiten fern zu halten, werden irgendwo dämonische Unruhestifter auftauchen; das heißt, wenn wir die Botschaft des Kreuzes predigen und unser Leben in der Kraft der Auferstehung führen, wird irgend etwas ganz sicherlich in Aufruhr geraten!

In Ephesus tat Gott „ungewöhnliche Wunderwerke ... durch die Hände des Paulus, so daß man sogar Schweißtücher oder Schurze von seinem Leib weg auf die Kranken legte und die Krankheiten von ihnen wichen und die bösen Geister ausfuhren" (Apostelgeschichte 19,11-12). Selbst die Dämonen mußten die Macht Jesu und seines Dieners Paulus anerkennen (Apostelgeschichte 19,13-16).

> ... und Furcht fiel auf sie alle [das Volk], und der Name des Herrn Jesus wurde erhoben. Viele aber von denen, die gläubig geworden waren, kamen und bekannten und gestanden ihre Taten. Zahlreiche aber von denen, die Zauberei getrieben hatten, trugen die Bücher zusammen und verbrannten sie vor allen ... So wuchs das Wort des Herrn mit Macht und erwies sich kräftig. (Apostelgeschichte 19,17-20)

Das war zweifellos Erweckung. Aber der Aufruhr war nicht weit entfernt.

„Es entstand aber um jene Zeit ein nicht geringer Aufruhr betreffs des Weges" (Apostelgeschichte 19,23), da der Verkauf von Götzenbildern plötzlich bedroht war, und deshalb wurden die Silberschmiede, deren Lebensunterhalt hier auf dem Spiel stand, „voller Wut, schrien und sagten: Groß ist die Artemis der Epheser! *Und die Stadt geriet in Verwirrung* ..." (Apostelgeschichte 19,28-29). Warum sollten die Dinge heute in irgendeiner Weise anders liegen?

Hören Sie noch einmal auf die Worte der Apostelgeschichte: „Diese Menschen, die Juden sind, verwirren ganz und gar unsere Stadt ... Diese, die den Erdkreis aufgewiegelt haben, sind auch hierher gekommen ... Und die Stadt geriet in Verwirrung."

Als Paulus zu guter Letzt Jerusalem erreichte:

... sahen ihn die Juden aus Asien im Tempel und brachten die ganze Volksmenge in Aufregung und legten die Hände an ihn und schrien: Männer von Israel, helft! *Dies ist der Mensch,* der alle überall lehrt gegen das Volk und das Gesetz und diese Stätte ... *Und die ganze Stadt kam in Bewegung* und es entstand ein Zusammenlauf des Volkes; und sie ergriffen Paulus und schleppten ihn aus dem Tempel, und sogleich wurden die Türen geschlossen. Während sie ihn aber zu töten suchten, kam an den Obersten der Schar die Anzeige, daß *ganz Jerusalem in Aufregung sei.* (Apostelgeschichte 21,27-28,30-31)

Paulus hatte noch nicht einmal seinen Mund geöffnet. Er sagte kein einziges Wort!

Als er aber an die Stufen kam, geschah es, daß er wegen der Gewalt des Volkes von den Soldaten getragen wurde. (Apostelgeschichte 21,35)

Und dann war es an der Zeit für Paulus, sein Zeugnis zu erzählen. Als sie hörten, daß er in ihrer Muttersprache redete, trat „aber eine große Stille" ein (Apostelgeschichte 21,40) – jedenfalls bis er von seiner großen Lebensberufung erzählte:

Und er [der Herr] sprach zu mir: Geh hin! Denn ich werde dich weit weg zu den Nationen senden ... Sie erhoben ihre Stimmen und sagten: Weg von der Erde mit einem solchen, denn es darf nicht sein, daß er lebt! (Apostelgeschichte 22,21-22)

Diese religiösen Männer wurden wirklich rasend, „schrien und [warfen] die Kleider [ab] und [schleuderten] Staub in die Luft" (Apostelgeschichte 22,23). *Das Zeugnis einer wahrhaften geistlichen Veränderung wird das Etablissement immer verrückt machen.*

Ihr jüdischen Gläubigen, das ist die Art von Opposition, die ihr erwarten könnt, wenn Ihr Jeschua vor ultra-orthodoxen Juden bekennt. Ihr ehemaligen Moslems, die Ihr jetzt gerettet seid, das ist die Art von Schwierigkeiten, auf die Ihr treffen werdet, wenn Ihr den Herrn Christus vor ernsthaften Moslems proklamiert. Ihr wiedergeborenen Katholiken, das ist die Art von Angriffen, die Euch widerfahren wird, wenn Ihr gestandenen katholischen Traditionalisten die Wiedergeburt predigt. (Wenn Sie mir nicht glauben, dann versuchen Sie es nur einmal in Guatemala oder in Mexiko!) Selbst „friedliebende, tolerante" Hindus werden völlig wild, wenn ihr religiöser Würgegriff durch die lebendigen Worte lebendiger Zeugen bedroht wird, die der Wahrheit des einzig lebendigen Gottes Zeugnis ablegen.

Und der Herr hat ganz sicher seine Unruhestifter auf dieser Erde, die die Festungen der Finsternis einreißen, die Wut des Teufels erregen, Sünde ohne Furcht konfrontieren, kühn die gute Nachricht verkündigen. Wie Leonard Ravenhill sagte: „Ein Mann muß nur für eine Stunde in seinem ganzen Leben gesalbt sein, und er kann die ganze Welt verändern." So mächtig ist die umwälzende Kraft Gottes!

Einige von uns würden gut daran tun, das Gebet Samsons zu beten: Herr, HERR! Denk doch an mich und stärke mich doch nur diesmal noch, o Gott, damit ich Rache nehmen kann an den Philistern – eine Rache nur für meine beiden Augen! (Richter 16,28). Können wir zu Gott schreien, daß er uns gebraucht – wenigstens einmal! – um seinen Namen auf der Erde zu verherrlichen und etwas des Schadens ungeschehen zu machen, den Satan angerichtet hat? Ist das zu viel verlangt? Und ist es vorstellbar, daß er uns vielleicht zweimal gebrauchen könnte, oder sogar noch öfter?

Sagt uns nicht schon die Natur Gottes selbst etwas darüber? Gibt es denn irgendein Bild, das stärker, unerbittlicher, intensiver, überwältigender, unnachgiebiger, gewaltiger wäre als das Bild eines ungeheuren verzehrenden Feuers? Das ist das Bild für unseren Gott! Er ist eine allmächtige, unauslöschliche Feuersbrunst, ein alles verzehrendes Feuer (vgl. 5. Mose 4,24; Hebräer 12,29).

Und das ist die Beschreibung seines Sohnes:

Seine Worfschaufel ist in seiner Hand, und er wird seine Tenne durch und durch reinigen und seinen Weizen in die

Scheune sammeln, und die Spreu aber wird er mit unauslöschlichem Feuer verbrennen. (Matthäus 3,12)

Wer aber kann den Tag seines Kommens ertragen, und wer wird bestehen bei seinem Erscheinen? Denn er wird wie das Feuer eines Schmelzers und wie das Laugensalz von Wäschern sein. (Maleachi 3,2)

Und ich werde an euch herantreten zum Gericht und werde ein schneller Zeuge sein gegen die Zauberer und gegen die Ehebrecher und gegen die falsch Schwörenden und gegen solche, die den Lohn des Tagelöhners ‹drücken›, die Witwe und die Waise unterdrücken und den Fremden wegdrängen und die mich nicht fürchten, spricht der Herr der Heerscharen. (Maleachi 3,5)

Der Herr wird dieses Zeugnis durch uns bringen. Durch wenn sollte es denn sonst kommen?

Aber jemand könnte jetzt vielleicht entgegnen: „Gilt das denn wirklich für uns heute noch? Lagen die Sachverhalte in den Tagen der Bibel nicht noch etwas anders? Schließlich haben die Leute damals Götzen angebetet! Die Menschen von heute sind aufgeklärter. Der moderne, zivilisierte Mensch würde sich doch niemals auf eine solche Ebene herablassen. Ich bin einfach nicht davon überzeugt, daß das Evangelium von heute so offensiv gepredigt werden muß."

Nehmen Sie sich einmal einen Moment und denken Sie darüber nach. *Unsere Gesellschaft läßt uns schließlich gar keine andere Wahl, als offensiv zu sein.* Es ist doch so, daß die Liebe gar keine richtige Liebe wäre, wenn sie diese Generation nicht zurechtweisen würde, und die Wahrheit wäre gar keine richtige Wahrheit, wenn sie die Lügen nicht bloßstellen würde.

Man muß sich doch nur einmal die Lehrpläne ansehen, die in manchen unserer Schulen verwendet werden. Von 1992 an wurden bereits die *Erstkläßler* mit homosexuellen und lesbischen Lebensformen infiltriert. Kleine Kinder (im Alter zwischen 3 und 8!) lernten mit Büchern wie *Gloria Goes to Gay Pride*[4]

Lesen. Eine sehr weit verbreitete Geschichte hieß *Daddy's Roommate*[5] und enthielt diese schier unglaublichen Zeilen:

> Meine Mami und mein Papa haben sich letztes Jahr scheiden lassen. Jetzt wohnt jemand Neues in Papas Haus. Papa und sein Zimmergenosse Frank wohnen zusammen, arbeiten zusammen, essen zusammen, schlafen zusammen ... Mami sagt, Papa und Frank sind schwul. Zuerst habe ich gar nicht gewußt, was das ist. Deshalb hat sie's mir erklärt. Schwulsein ist nur eine andere Art von Liebe. Und Liebe ist die beste Art von Glücklichsein ...

Der homosexuelle Aktivismus greift überall um sich!

Die Handbücher für Lehrkräfte drängen die Grundschullehrer, „sexistische" Stereotypen nicht zu unterstützen (etwa wenn kleine Mädchen mit Puppen spielen!) und *Viertkläßlern* wird der Gebrauch von Kondomen erklärt, ebenso wie Techniken von oralem oder analem Geschlechtsverkehr. Aber es kommt noch schlimmer! Ein AIDS-Informationsblatt, das von der Abteilung für Aids-Prävention herausgegeben wurde und vom Bundeszentrum für Epidemienkontrolle und der Stadt New York bezahlt und in den Mittel- und Oberstufen der Schulen in der Stadt verteilt wird, enthält die folgenden Worte der Weisheit für Teenager, die sogenannte „Erklärung der Teenager-Rechte". (Eigentlich ist es eine „Todes-Erklärung".)

> Ich habe das Recht, für mich selbst zu denken.
> Ich habe das Recht zu entscheiden, ob ich Sex haben möchte und mit wem.
> Ich habe das Recht, Verhütungsmittel beim Sex zu gebrauchen. [Später heißt es dann noch: „Kondome können sexy sein! Sie haben verschiedene Farben, Geschmacksrichtungen und Formen, um Dir und Deinem Partner noch mehr Spaß zu bereiten ..."]
> Ich habe das Recht, Kondome zu kaufen und zu gebrauchen ...

Und halten Sie sich dabei vor Augen, daß dieser perverse Müll, für den selbst schon die Abfalltonne zu schade ist, mit Steuergeldern an unseren Schulen verteilt wird. (Richtig, mit *Ihrem* Geld!) Das Faltblatt wird ab hier immer schlimmer. Aber es ist zu beschämend, um noch weiter daraus zu zitieren.

Ich frage Sie jetzt: Wie können wir solchem Schmutz *nicht* in offener Konfrontation gegenüber stehen? Und was für eine Reaktion können wir von Männern und Frauen erwarten, die sich selbst dergestalt erniedrigt haben, bis sie bereit sind, für ihre Verderbtheit *zu kämpfen*? Das Volk des Lichts muß sich der Finsternis entgegenstellen und sie herausfordern – wenn wir denn wirklich noch Licht sind.

Bitte hören Sie mich an! Das sind nicht die fanatischen Auswüchse von jemandem, der meint, der Himmel stürzt ein. Das ist keine religiöse Übertreibung. Nein! Der Westen steckt in schrecklichen Schwierigkeiten. Unsere Nationen sind dabei, sich völlig aufzulösen. *Und die Finsternis umgibt auch die Gemeinde.*

Wie dringend benötigen wir das wahre Licht! Wie dringend nötig ist es, daß das Volk Gottes wieder Jesus und seine Maßstäbe verkündigt! Wie entscheidend ist dieser Tag für unsere Nationen! Wer wird sich erheben und handeln? Wer wird hinstehen und reden? Gott gebe uns heilige Botschafter zu dieser Stunde!

*Es ist für mich einfach unvorstellbar, daß jemand Christus wahr-
haft als Retter annehmen kann, wenn er ihn nicht zugleich als
Herrn annimmt. Einem Menschen, der wahrhaft aus Gnade gerettet ist, muß man nicht erst sagen, daß er unter der ernsten
Pflicht steht, Christus zu dienen. Das neue Leben in ihm sagt
ihm das. Anstatt es als eine Last zu betrachten, gibt er sich fröh-
lichen Herzens völlig hin – Körper, Seele und Geist – dem Herrn,
der ihn gerettet hat, und hält es nur für einen angemessenen
Dienst.*

Charles H. Spurgeon

*Christus als der Retter ist nicht geteilt. Wer ihn nicht in seiner
ganzen Fülle hat, wird ihn in keinem seiner Ämter in irgend einer
rettenden Weise empfangen.*

John Bunyan

*Wenn wir den HERRN als unseren Gott erwählen, laßt uns ihn
auch als unsern König ehren (Psalm 5,2; aus dem Englischen).
Wenn wir seine Gesetze ablehnen, so weisen wir auch ganz sicher
seine Gnade zurück. Wenn wir uns seinem Joch verweigern, so
nehmen wir auch seine Barmherzigkeit nicht an. Wenn sein Zep-
ter uns ein Ärgernis ist, dann wird es ebenso sein Plan sein, Sünder durch sein Blut zu retten.*

William Plumer

*Seht noch einmal auf Jesus Christus und seinen Tod am Kreuz ...
Er trug unsere Sünde, unsere Knechtschaft und unser Leid, und
er trug sie nicht umsonst. Er trug sie fort. Er ging uns voran als
unser aller Hauptmann. Er durchbrach die Reihen unseres Feindes. Er hat die Schlacht bereits gewonnen. Alles, was uns noch zu
tun bleibt, ist, ihm zu folgen, mit ihm siegreich zu sein. Durch ihn
und in ihm sind wir gerettet. Unsere Sünde hat keine Macht mehr
über uns. Unsere Gefängnistür steht offen ... wenn er, der Sohn
Gottes, uns frei macht, dann sind wir wahrhaft frei.*

Karl Barth

Kapitel Drei

Der Retter ist der Herr

Jesus kam, uns von unseren Sünden zu erretten. Das ist das Kernstück des Evangeliums. Es ist wahr, daß er kam, uns vor der Hölle zu retten, aber die Hölle ist nicht in erster Linie unser Problem. Die Hölle ist nur die Konsequenz unseres Problems. Die *Sünde* ist das große Problem der menschlichen Rasse. Jesus kam, um uns von unseren Sünden frei zu machen! Darum geht es bei seinem Namen.

> Und sie wird einen Sohn gebären, und du sollst seinen Namen Jesus [Abkürzung von „der Herr ist Rettung"] nennen; denn *er wird sein Volk erretten von seinen Sünden.* (Matthäus 1,21)

Alles, was weniger als das ist, ist keine Rettung. Alles, was weniger als das ist, ist nicht unser Retter. Deswegen kam er, blutete, starb und stand von den Toten auf: um uns von unseren Sünden frei zu machen! Und dennoch wird diese Wahrheit heutzutage irgendwie verfehlt. Ist es nicht sogar so, daß der Kern unseres heutigen, zeitgemäßen, nicht-offensiven Evangeliums dabei versagt, mit Sünde angemessen umzugehen; dabei versagt, *Jesus den Herrn* als den Retter von Sünde darzustellen.

Die moderne Botschaft der Errettung geht sehr sanft mit der Sünde um und ist sehr nachlässig, was die Herrschaft Jesu angeht. Sie schwächt die Bedeutung von Buße ab, indem sie lehrt: „Buße ist lediglich eine Gesinnungsänderung!" Und sie spielt die Bedeutung von Überführung herunter, indem sie sagt: „Es steht nirgendwo im Neuen Testament, daß uns unsere Sünden leid tun sollen!" (Das sind echte Zitate von Pastoren, deren Predigten ich gehört oder deren Bücher ich gelesen habe.)

Selbstverständlich ermutigen diese Pastoren die Gläubigen nicht, in Sünde zu leben, noch sagen sie den Verlorenen, daß Sünde eine gute Sache sei. Aber indem sie es versäumen, die Menschen ganz klar zu lehren, daß dem Retter nachzufolgen bedeutet, ihre Sünden hinter sich zu lassen, schneiden sie das Kernstück des Evangeliums heraus. Und zusätzlich lassen sie die Türe weit offen dafür, daß jemand meint, es wäre möglich, gerettet zu sein und gleichzeitig einem anderen Herrn (Satan!) aktiv zu dienen. Der Gipfel dabei aber ist, daß diese Pastoren, Lehrer und Autoren doch tatsächlich behaupten, ihre neue Betonung sei ein Fortschritt in der Offenbarung von Gnade – als ob die Gnade Gottes denen Freifahrten in den Himmel bieten würde, die tatsächlich Kinder der Hölle bleiben! Das ist nicht das Evangelium; das ist erbärmlich. Und es ist auch keine Gnade; es ist grotesk. Das Evangelium der Gnade bietet umsonst Rettung *von* unseren Sünden.

Kann man denn die klare Bedeutung dieser Schriftstellen mißverstehen?

> Am folgenden Tag sieht er [Johannes] Jesus zu sich kommen und spricht: Siehe, das Lamm Gottes, *das die Sünde der Welt wegnimmt*! (Johannes 1,29)

> ... da wir dies erkennen, daß unser alter Mensch mitgekreuzigt worden ist, *damit der Leib der Sünde abgetan sei, daß wir der Sünde nicht mehr dienen*. (Römer 6,6)

> ... der unsere Sünden an seinem Leib selbst an das Holz hinaufgetragen hat, *damit wir, den Sünden abgestorben, der Gerechtigkeit leben*; durch dessen Striemen ihr geheilt worden seid. (1. Petrus 2,24)

> Dem, der uns liebt und *uns von unseren Sünden erlöst hat durch sein Blut*, und uns gemacht hat zu einem Königtum, zu Priestern seinem Gott und Vater: Ihm sei die Herrlichkeit und die Macht von Ewigkeit zu Ewigkeit. Amen! (Offenbarung 1,5-6)

Und dennoch sagen viele von uns heute: „Gott will nicht, daß wir über Sünde predigen, er möchte, daß wir über Rettung predigen!" Amen! Aber Rettung von was? Von der Hölle? Ja! Das ist die Botschaft von Johannes 3,16. Aber auch von Sünde! Hören Sie sich einmal die Stelle aus 1. Korinther 15,17 an:

> Wenn aber Christus nicht auferweckt ist, so ist euer Glaube nichtig, so seid ihr noch in euren Sünden.

Und wenn er wirklich auferweckt *ist*? – Gott sei dank, er ist es! – dann ist unser Glaube *nicht* nichtig und *wir sind nicht mehr länger in unseren Sünden*. Wenn wir noch in unseren Sünden sind – wenn Sünde noch unser Leben und unser Herr ist – dann sind wir immer noch versklavt. Sklaven müssen freigekauft werden. Und Jesus ist der große Erlöser und Befreier! Er erkauft unsere Freiheit von der Versklavung unter die Sünde.

Das bestätigt, was Paulus etwas vorher in dem gleichen Brief schreibt. Nach einer Beschreibung der Sünden der „Ungerechten" (Unzucht, Götzendienerei, Ehebruch, Homosexualität, Diebstahl, Habsucht, Trunkenheit, Lästerei und Raub) schreibt er: „Und das sind manche von euch *gewesen*" (1. Korinther 6,11a).

Ihr Gläubigen aus Korinth, ihr seid nicht mehr länger das, was ihr früher einmal gewesen seid! Etwas ganz Radikales ist geschehen. Ihr seid vom Himmel neu geboren worden. Das ist das Werk der Erlösung. Und dennoch behauptet ein einflußreicher Theologe und international anerkannter Prediger das Folgende:

> Wenn Paulus sagt „und das sind manche von euch gewesen" meinte er nicht nur einfach ihre Vergangenheit vor ihrer Bekehrung, sondern auch die Art, wie sich „manche" von ihnen seit ihrer Rettung verhalten hatten.

Aber das ist nicht, was Paulus gemeint hat. Sehen Sie sich einmal den ganzen Vers an:

> Und das sind manche von euch gewesen, aber ihr seid abgewaschen, aber ihr seid geheiligt, aber ihr seid gerecht-

fertigt worden durch den Namen des Herrn Jesus Christus und durch den Geist unseres Gottes. (1. Korinther 6,11)

Mit anderen Worten, wenn man abgewaschen, geheiligt und *gerechtfertigt* ist, so ist eine radikale Veränderung das sichere Resultat. Das ist die Lehre des Paulus.

Gott aber sei Dank, daß ihr Sklaven der Sünde wart, aber von Herzen gehorsam geworden seid dem Bild der Lehre, dem ihr übergeben worden seid! Frei gemacht aber von der Sünde, seid ihr Sklaven der Gerechtigkeit geworden. (Römer 6,17-18)

... er hat uns errettet aus der Macht der Finsternis und versetzt in das Reich des Sohnes seiner Liebe. In ihm haben wir die Erlösung, die Vergebung der Sünden. (Kolosser 1,13-14)

Das heißt Rettung! Das Blut Jesu erlöst uns und macht uns zugleich frei. *Die Vergebung der Schuld der Sünde bedeutet Freiheit von der Herrschaft der Sünde.* Wie der schottische Evangelist James Alexander Stewart es oft betont hat: „Jesus rettet uns nicht *in* unseren Sünden, sondern *von* unseren Sünden." Und weiter erklärt er:

Wir sind aus einem Leben der Sünde gerettet zu einem Leben der Heiligkeit ... Rettung ist mehr als eine Eintrittskarte in den Himmel; es ist die Befreiung von der Herrschaft der Sünde in diesem Leben.[6]

Leider lehren und schreiben viele (und ich meine viele!) heutzutage: „Ein Sünder muß Jesus nicht als Herrn annehmen, um gerettet zu sein. Er muß ihn nur als Retter annehmen." Aber dabei haben sie einen wichtigen Punkt vergessen: Der Retter ist der Herr! Er ist ja nicht schizophren! Der Retter, auf dessen Wiederkunft wir „sehnsüchtig warten", ist der „*Herr* Jesus Christus" (Philipper 3,20). Da gibt es keine Diskussion.

Sehen Sie sich einmal die Schriften des Neuen Testaments genau an. Da steht nirgendwo: „unser Herr *oder* Retter, Jesus Christus", sondern immer „unser Herr *und* Retter, Jesus Christus". Er hat keine gespaltene Persönlichkeit! Das Neue Testament sagt nicht: „unser Retter und Herr, Jesus Christus", sondern „unser Herr und Retter, Jesus Christus". Seine Herrschaft steht immer an erster Stelle. Wenn man sich einmal eine ausführliche Konkordanz zur Hand nimmt und etwas nachzählt, wird man von den Ergebnissen schockiert sein. *Jesus wird allein in der Apostelgeschichte und in den Briefen mehr als 400 Mal* Herr *genannt; Retter wird er im* gesamten Neuen Testament *nur 15 Mal genannt.* Der Schwerpunkt unserer Predigten liegt falsch! Wir haben das Ziel fast vollständig verfehlt.

Die Gemeinde und die Welt müssen es ganz deutlich hören, wie der Retter Jesus als der Herr verkündigt wird, und Sünder und Heilige müssen gerufen werden, sich ihm bedingungslos zu unterwerfen. *Die richtige Verkündigung wird die richtigen Resultate hervorbringen.* (Und sie wird mit Sicherheit einige Selbstzufriedene erschüttern!) Es hat an sich wenig Gewicht, den Leuten zu sagen, daß Er der Herr ist (d. h. daß er Gott ist), wenn es nicht verbunden ist mit dem Aufruf, sich seiner Herrschaft zu unterwerfen. Sonst ist es nur leere Theologie. Und leere Theologie hat noch niemanden gerettet.

Auch wenn das moderne Evangelium viel von Glauben spricht, ruft es die Sünder dennoch nicht dazu auf, (im Glauben!) sich dem Herrn zu unterwerfen. Es wird ihnen lediglich gesagt, sie müßten glauben, daß er der Herr *ist* (selbst die Dämonen tun das und erzittern) und daß er willens und fähig ist zu vergeben – selbst wenn der Sünder in seiner sturen Rebellion und trotzigem Ungehorsam verharrt; selbst wenn er sich weigert, sich unterzuordnen. *Das ist nicht das Evangelium.*

Lassen Sie uns das eine ganz klarstellen: Das Evangelium (die Gute Nachricht) ist das gnädige Angebot Gottes an uns, uns von unseren Sünden frei zu machen und uns ein völlig neues Leben unter der Herrschaft Jesu zu geben. Wie? Durch den Glauben. Es ist ein Geschenk Gottes, schlicht und einfach. Wir können es nicht verdienen, kaufen oder erwerben. Es wird uns umsonst und ohne Preis angeboten, so wie uns die Schrift ermahnt und lehrt: „Wendet euch ab von euren Sünden und kehrt zurück zu Gott (das ist Buße), setzt euren Glauben auf den Herrn Jesus, daß er euch rette (vgl. die Worte des Paulus in Apostelgeschichte 20,21), vergebe, reinige, verändere, befreie und zu einem Kind Gottes mache, einem Priester des Höchsten und einem Knecht der Gerechtigkeit." Und *er* wird all das durch seine Gnade tun. Das ist die herrliche Rettung Gottes!

Aber sehr viele der modernen Predigten bieten nur eine teilweise Rettung an, weil sie den größten Teil des Problems vergessen haben. Die Menschheit hat gegen den Herrn rebelliert. Und das ist es, was wir Sünde nennen. Auf Grund der Sünde ist die Welt erfüllt worden von Krankheit, Gewalt, Haß, Leid und Tod. *Das Evangelium befaßt sich sehr effektiv mit dem Problem der Sünde, indem es die Sünder aufruft, ihre Rebellion aufzugeben.*

Jesaja hat es gepredigt:

> Der Gottlose verlasse seinen Weg und der Mann der Bosheit seine Gedanken! Und er kehre um zu dem HERRN, so wird er sich über ihn erbarmen, und zu unserem Gott, denn er ist reich an Vergebung! (Jesaja 55,7)

Hesekiel hat es gepredigt:

> ... Kehrt um und wendet euch ab von allen euren Vergehen, daß es euch nicht ein Anstoß zur Schuld wird! Werft von euch alle eure Vergehen, mit denen ihr euch vergangen habt, und schafft euch ein neues Herz und einen neuen Geist! ... (Hesekiel 18,30-31)

Petrus hat es gepredigt:

> So tut nun Buße und bekehrt euch, daß eure Sünden ausgetilgt werden, damit Zeiten der Erquickung kommen vom Angesicht des Herrn ... (Apostelgeschichte 3,19-20)

Paulus hat es gepredigt:

> Daher ... war ich nicht ungehorsam der himmlischen Erscheinung, sondern verkündigte denen in Damaskus zuerst und in Jerusalem und in der ganzen Landschaft von Judäa und den Nationen, Buße zu tun und sich zu Gott zu bekehren, indem sie der Buße würdige Werke vollbrächten. (Apostelgeschichte 26,19-20)

Das Evangelium ruft Menschen dazu auf, das Leben (Gnade) zu wählen, indem sie dem Tod (Sünde) absagen. Es besagt: „Sucht mich und lebt" (Amos 5,4); aber es besagt auch: „Geht nicht nach Bethel" (Amos 5,5). (Mit anderen Worten, sucht nicht länger die Götzen.) Und es besagt auch: „Verlaßt eure Sünde und unterwerft euch dem Herrn im Glauben an das Blut des Lammes." Das ist der Schlüssel für unsere Versöhnung: sich durch die Kraft und Gnade Gottes erneut der Herrschaft Gottes zu unterwerfen.

Versöhnung bedeutet, Dinge wieder in Ordnung zu bringen. Es bedeutet, den Makel der Sünde zu entfernen und die Kette der Sünde zu zerbrechen. Alles, was weniger besagt, ist fehlerhaft. Wie Charles Spurgeon lehrte:

> Rechtfertigung ohne Heiligung wäre überhaupt gar keine Rettung. Da würde der Aussätzige rein genannt, und er wäre dann seinem Schicksal überlassen, an seiner Krankheit zu sterben. Rebellion wäre vergeben, und der Rebell dürfte weiter ein Feind des Königs bleiben. Die Folgen würden beseitigt, aber die Ursache übersehen, und das wäre eine endlose und hoffnungslose Aufgabe für uns.[7]

Das ist nicht das Evangelium der Bibel! *Jesus rettet uns genau so gewiß von unseren Sünden, wie er uns aus der Hölle rettet.*

Und dennoch ist es zum größten Teil ein unbiblisches Evangelium, das die Kanzeln, christlichen Bücherstuben, Bibelschulen und theologischen Fakultäten unseres Landes überflutet. Und auch im Fernsehen ist es recht gut gelaufen! Die moderne westliche Version des Evangeliums beschäftigt sich recht eingehend mit der *Strafe* und den *negativen Folgen* der Sünde, ohne aber

zugleich auf die *Macht* und *Verschmutzung* der Sünde einzugehen. Sie besagt: „Laßt euch von der Hölle und vor dem Zorn
retten, aber mach dir noch keine Gedanken darüber, von deinen
Sünden erlöst zu werden." Sie spricht von der *Verdammnis* der
Sünde frei, ohne von der *Verseuchung* durch die Sünde zu reinigen. Aber es ist die Verseuchung durch die Sünde, die uns verdammt, und die Verschmutzung der Sünde, die uns die Strafe
bringt.

In den Tagen Hesekiels zog sich Gott aus dem Tempel zurück,
weil er keine Gemeinschaft mit Götzenanbetung, Unmoral und
Gewalt haben konnte und wollte. Und dieses Prinzip wird sich
niemals ändern: Das Lamm wird sich mit niemandem vermählen,
der in seine Sünden verstrickt bleibt – ganz egal, was einige der
modernen Lehrer behaupten.

Von einem biblischen Standpunkt her gesehen, könnte nichts
sonderbarer sein als ein Evangelium, das Sünder nicht zur
Abkehr von ihren Sünden auffordert. Hören Sie sich einmal die
Botschaft an, welche die Apostel predigten:

> Euch zuerst hat Gott seinen Knecht erweckt und ihn
> gesandt, euch zu segnen, indem er einen jeden von euch
> von seinen Bosheiten abwendet. (Apostelgeschichte 3,26)

> Diesen hat Gott durch seine Rechte zum Führer und Hei-
> land erhöht, um Israel Buße und Vergebung der Sünden zu
> geben. (Apostelgeschichte 5,31; vgl. auch Lukas 24,47!
> Dort hatten die Apostel ihre Botschaft nämlich her.)

„Aber", so sagen Sie vielleicht, „wir müssen ihnen doch nur sagen, daß sie glauben sollen. Gott wird sich schon um ihre Sünden
kümmern." Gott *hat* sich bereits um ihre Sünden gekümmert: auf
Golgatha. Jetzt sagt er: „Glaube, daß Jesus starb, um dich von
deinen Sünden zu retten, und du kannst den Rest deines Lebens
für mich leben." Jesus starb, um dich frei zu machen!

Aber heißt das griechische Wort für *Buße* nicht einfach
„Gesinnungsveränderung"? Befiehlt uns Gott nicht einfach nur,
unsere Meinung über Jesus zu ändern? Ist dieses ganze Gerede
darüber, daß uns unsere Sünden leid tun sollen, nicht nur eine

Übernahme der ganzen gesetzlichen Knechtschaft des Alten Testaments? Überhaupt nicht!

Zum einen waren Johannes der Täufer, Jesus und alle Apostel Juden zur Zeit des ersten Jahrhunderts, die Aramäisch (und wahrscheinlich auch Hebräisch) sprachen, und das Wort, das im Aramäischen und Hebräischen dem Wort für *Buße* zugrunde liegt, heißt „sich abwenden, zurück wenden, eine Kehrtwendung machen". (Das andere Wort, das im Hebräischen für *Buße* gebraucht wird, heißt „Leid, Trauer und Bedauern fühlen, es sich anders überlegen, die Meinung ändern".) Zum andern stellt das Neue Testament völlig klar, daß der Beweis der Buße in den Taten liegt (lesen Sie in Lukas 3,7-14 und Apostelgeschichte 26,20). Drittens haben auch die führenden Gelehrten für das neutestamentliche Griechisch den Wörtern *metanoeo* (Buße tun) und *metanoia* (Buße) sehr viel weitergehende Bedeutung zugeschrieben als nur eine Meinungsänderung.

Das maßgebliche *Theological Dictionary of the New Testament*[8] besagt:

> ... *metanoeo* und *metanoia* sind die Formen, mit welchen das NT den antiken Gedanken einer religiösen und moralischen Bekehrung oder Umkehr ausdrückt ... [Die Bußpredigten Jesu] verlangen eine radikale Bekehrung, eine Veränderung der menschlichen Natur, eine definitive Abkehr vom Bösen, eine entschlossene Hinwendung zu Gott im absoluten Gehorsam (Markus 1,15; Matthäus 4,17; 18,3).[9]

A.T. Robertson, einer der herausragendsten Gelehrten des Griechischen in unserem Jahrhundert, lehrte, daß die neutestamentlichen Predigten der Buße das folgende aussagten:

> Ändere deine Meinung und dein Leben. Mache eine Kehrtwendung und zwar jetzt gleich.[10]

Das viel gelobte *New International Dictionary of New Testament Theology*[11] sagt:

Das vorherrschende intellektuelle Verständnis von *metanoia* als eine Meinungsänderung spielt im NT nur eine sehr untergeordnete Rolle. Es wird vielmehr die Entscheidung des ganzen Menschen zur Umkehr betont. Es wird sehr deutlich, daß es dabei weder um das bloße äußerliche Abwenden, noch um eine rein intellektuelle Meinungsänderung geht.[12]

Stellen Sie sich nur einmal vor, wie töricht es wäre, wenn „Buße tun" nur bedeuten würde: „ändere deine Meinung". Die Worte Jesu wären geradezu lächerlich:

> Wehe dir, Chorazin! Wehe dir, Betsaida! Denn wenn in Tyrus und Sidon die Wunderwerke geschehen wären, die unter euch geschehen sind, längst hätten sie *in Sack und Asche ihre Meinung* [?!] *geändert.* (Matthäus 11,21)

Nein! „Längst hätten sie in Sack und Asche Buße getan."
Die Taufe des Johannes würde zu einer reinen Farce:

> ... eine Taufe der *Meinungsänderung* [?!] zur *Vergebung der Sünden* (Lukas 3,3)?

Nein! Es war eine Taufe der „Buße" zur Vergebung der Sünden.
Wenn Buße nur eine Meinungsänderung bedeutet und keine Überführung daran beteiligt ist, warum sagte Paulus dann zu den Korinthern: „Denn eine Betrübnis nach Gottes ‹Sinn› bewirkt eine nie zu bereuende Buße zum Heil ..." (2. Korinther 7,10)?
Ist die Vorstellung, daß es einem Sünder Leid tun sollte, gegen den allmächtigen Gott gesündigt zu haben, denn zu abwegig? War dies hauptsächlich eine Erscheinung aus dem Alten Testament? (Auch diese Lehre habe ich schon gehört!) Ist es denn so unvernünftig anzunehmen, daß ein Sünder in seinem Herzen getroffen sein könnte, wenn er erkennt, daß es seine eigene Sünde war, die den Retter an das Kreuz nagelte? Wußte Jakobus (an keinem geringeren Ort als dem Neuen Testament), was er sagte, als er die Sünder aufrief: „Fühlt euer Elend, trauert und weint" (Jakobus 4,9)? Oder erlag Jesus einer Fehlinformation,

als er *seine* Definition der Buße gab? (Stimmt! Auch *Jesus* gab eine Definition der Buße.)

Sehen Sie sich die Stelle in Lukas 15 einmal genau an, wo der Herr ein dreifaches Gleichnis erzählt, vom verlorenen Schaf, von der verlorenen Münze und vom verlorenen Sohn. Nachdem er von der Freude des Hirten gesprochen hatte, der sein verlorenes Schaf gefunden hat, sagte Jesus:

> Ich sage euch: So wird Freude im Himmel sein über *einen* Sünder, der Buße tut, ‹mehr› als über neunundneunzig Gerechte, die die Buße nicht nötig haben. (Lukas 15,7)

Ebenso sagt Jesus, nachdem er über die Freude der Frau sprach, die ihre verlorene Münze fand:

> So, sage ich euch, ist Freude vor den Engeln Gottes über *einen* Sünder, der Buße tut. (Lukas 15,10)

Dann, als er über den verlorenen Sohn sprach, erklärte der Herr ganz genau, worum es bei dieser „Buße" überhaupt geht: Der junge Mann, der in seiner törichten Unabhängigkeit von seinem Vater dahinsiecht, kommt zu Sinnen. Er demütigt sich und entscheidet sich zur Rückkehr zu seinem Vater, um seine Sünde zu bekennen und um Gnade zu bitten (Lukas 15,14-21). *Das ist die Beschreibung des Herrn, wie ein Sünder Buße tut.* Und der Vater des verlorenen Sohnes, gerade so wie unser Vater, hat ihn herzlich willkommen geheißen und aufgenommen. Die Freude war, und ist, groß!

Nicht alle Sünder werden diese tiefe Überführung über ihre Sünden erfahren, wenn sie gerettet werden. Aber wenn wir in der Salbung Gottes die richtige Botschaft predigen, dann wird es eher die Regel als die Ausnahme sein.

Selbstverständlich sagen wir den Verlorenen nicht: „Fühle dich schlecht, werde gut, bessere dich und dann glaube." Natürlich nicht! Wenn der Heilige Geist sein Werk an ihnen tut, dann sagen wir ihnen: „Schrei jetzt in deinem Herzen zu Gott, daß er dich durch das Blut Jesu von deinen Sünden rettet. Bitte ihn jetzt mit deinem Mund, dich von den Fallstricken des Teufels zu erlösen und dich zu seinem Kind zu machen. Gib deinen sündigen Eigenwillen auf und wende dich zurück zu Gott. Stirb deinem eigenen Willen und deinem eigenen Leben. Jesus wird dich befreien und heilen! Glaube an ihn."

Was für ein Unterschied im Vergleich zu einigen der hohlen Aufrufe, die ich im „christlichen" Fernsehen gesehen oder auf Kassetten gehört habe: „Wenn du an mein Gebet glaubst [dieser bekannte Evangelist erwähnte nicht einmal den Namen Jesus], dann heb deine Hand und ich werde für deine Errettung beten". Oder: „Sag einfach: Jesus, du bist mein Lamm. Ich vertraue dir." (Dabei gab es nicht einmal einen Hinweis darauf, daß die Sünde abgelegt werden sollte!) Hat das auch nur geringfügige Ähnlichkeiten mit der Botschaft der Bibel?

Jedes Evangelium, das die Rettung von der Hölle ohne gleichzeitige Rettung von den Sünden predigt, ist fehlerhaft, ungenügend, und manchmal sogar verdammenswert. Wenn nämlich Jesus uns nicht von unseren Sünden rettet, wenn er uns nicht von der Herrschaft des Bösen befreit, wenn er uns nicht aus Sklaverei und Knechtschaft erlöst, dann ist er nicht der Retter, den wir brauchen, und er ist nicht einmal des Namens Jesu würdig.

Das Ziel Gottes war es, eine heilige Braut für seinen Sohn zu erringen. Und genau um dieser Braut willen kam Jesus in diese schmutzige Welt, und durch den Glauben an ihn werden wir zu einem Teil dieser Braut. (Erinnern Sie sich daran, daß der Himmel nicht von den Sklaven Satans bevölkert sein wird, sondern von den Dienern den Sohnes.) Lassen Sie Ihren Geist das Zeugnis des Wortes Gottes in sich aufsaugen. *Der wichtigste Grund, warum wir eine offensive Botschaft predigen, ist der, daß es eine herrliche Braut für den Sohn geben soll.*

Warum ließ Gott ihn, der von keiner Sünde wußte, für uns zum Sündopfer werden?

... damit wir Gottes Gerechtigkeit würden in ihm.
(2. Korinther 5,21b)

Warum verurteilte Gott die Sünde im sündigen Menschen?

Damit die Rechtsforderung des Gesetzes erfüllt wird in uns, die wir nicht nach dem Fleisch [der sündigen Natur][13], sondern nach dem Geist wandeln. (Römer 8,4)

Warum hat der Messias die Gemeinde geliebt und sich für sie hingegeben?

> ... um sie zu heiligen, ‹sie› reinigend durch das Wasserbad im Wort, damit *er* die Gemeinde sich selbst verherrlicht darstellte, die nicht Flecken oder Runzeln oder etwas dergleichen habe, sondern daß sie heilig und tadellos sei." (Epheser 5,26-27)

Warum erwählte uns Gott in Christus bereits vor Erschaffung der Welt?

> ... daß wir heilig und tadellos vor ihm seien in Liebe ... (Epheser 1,4b)

> ... daß Gott euch von Anfang an erwählt hat zur Rettung in Heiligung des Geistes und im Glauben an die Wahrheit ... (2. Thessalonicher 2,13)

> Der hat uns errettet und berufen mit heiligem Ruf, nicht nach unseren Werken, sondern nach ‹seinem› eigenen Vorsatz und der Gnade ... (2. Timotheus 1,9a)

Als Gläubige, wenn wir unsere Sünden bekennen und uns von ihnen abwenden (vgl. Sprüche 28,13), „[reinigt uns] das Blut Jesu, seines Sohnes, ... von jeder Sünde" (1. Johannes 1,7).

Gott sei Dank für die *Reinigung* von aller Sünde! Der Glaube an Jesus macht uns *frei*.

* * * *

Vor etwa hundert Jahren sprach William Booth, der leidenschaftliche Seelengewinner und Gründer der Heilsarmee, die folgenden prophetischen Worte:

Die Hauptgefahr im zwanzigsten Jahrhundert wird sein:
Religion ohne den Heiligen Geist,
Christentum ohne Christus,
Vergebung ohne Buße,
Rettung ohne Wiederherstellung,
Himmel ohne Hölle.[14]

Was wird das einundzwanzigste Jahrhundert bringen?

Wer sich darum müht, Menschen zu gefallen, steht vor einer endlosen und unnötigen Aufgabe. Ein weiser Arzt sucht seinen Patienten zu heilen, nicht ihm zu gefallen. (Beschreibung der Pflichten eines Pastors bezüglich der Predigt des Wortes.)

William Gurnall

Pastoren sind keine Köche, sondern Ärzte; deshalb sollten sie nicht danach streben, den Gaumen zu erfreuen, sondern den Patienten wiederherzustellen.

Jean Daille

Selbstsichere Sünder müssen zuerst das Donnergrollen vom Berg Sinai hören, bevor wir sie zum Berg Zion bringen. Jeder Pastor sollte ebenso ein Boanerges, ein Sohn des Donners, sein, wie ein Barnabas, ein Sohn des Trostes.

George Whitfield

Ich befinde mich lieber in einer relativ kleinen Versammlung von ernsthaften Christen, als sie von Tausenden Gleichgültiger vollgestopft zu sehen.

D. L. Moody

Wo alle zustimmen, haben wenige Nutzen.

John Wesley

Bei einer Rede für eine nationale Sittlichkeitsbewegung bemerkte ein evangelikaler Leiter vor nicht allzu langer Zeit: „Die Vereinigten Staaten haben sich von Gott abgewandt. Sie spotten Gott. Sie verehren einen Baal des zwanzigsten Jahrhunderts ... verkörpert in Sinnlichkeit, materiellen Gütern und jeder Art von Unmoral" ... Und dennoch sagte man uns noch vor ein paar Jahren, daß eine neue evangelikale Erweckung über Amerika anbreche. Dieses Jahrzehnt, so sagte man, sei das Jahrzehnt der Evangelikalen. (Geschrieben 1985.)

Carl F. H. Henry

Kapitel Vier

Feinschmecker-Christen und ein 4-Sterne Evangelium

Es ist heutzutage schwer, es den Gläubigen recht zu machen, aber das liegt nicht etwa daran, daß wir so geistlich wären. Es liegt daran, daß wir so verwöhnt sind! Wenn die wöchentliche Portion aus der Schrift nicht unseren Geschmack trifft, dann gehen wir eben wo anders hin, wo das Menü unseren Vorlieben eher entspricht. Wir sind so verhätschelt und wählerisch, daß wir im selben Moment, in dem der Heilige Geist unsere feiste und schicke Welt durchbohrt, unsere Ohren verschließen und unsere Herzen verhärten und dabei noch schreien: „Verdammnis! Das ist eine negative Botschaft! Sie ist zu hart, zu stark, zu plump! Schließlich gehen wir ja in die Gemeinde, um aufgebaut, nicht durchbohrt zu werden. Wir kommen, um gesättigt zu werden, nicht um uns zu winden."

Selbstverständlich müssen wir in unseren Tagen nicht einmal mehr die Gemeinde wechseln, wenn uns die örtlichen Prediger nicht mehr zusagen. Das wäre ja schon zuviel der Anstrengung. Nein, die Lösung liegt uns so nahe wie die Fernbedingung unseres Fernsehers! Auf dem Äther schwimmt so viel Evangeliumsunterhaltung herum, daß sich dort mit Sicherheit irgendein Fernseh-„Pastor" finden läßt, der uns mit seinen Marotten unterhält und uns mit seinen Wundern überrascht. Was dabei am Besten ist, wenn uns das, was *er* zu sagen hat, nicht gefällt, dann müssen wir nur auf's Knöpfchen drücken. Wir müssen dabei nicht einmal unseren Sessel verlassen!

Wenn die Botschaft des Wohlstandsevangeliums uns heute mundet, können wir einer leckeren Lehre lauschen: „Dich selber annehmen". Wenn einige Brösel endzeitlicher Prophetien heute nicht befriedigen, gibt es bestimmt ein oder zwei erfreuliche

Häppchen in der Wiederholungssendung des Seminars „Mit einer Eßstörung leben lernen". Wenn von all dem nichts unseren Appetit anregen sollte, gibt es immer noch einige gehaltvolle Verse im Wort selbst, wie etwa Johannes 10,10 (wo es irgendwie darum geht, daß Jesus in die Welt gekommen ist, damit wir mega-gesegnet sein sollen). Vielleicht entdecken wir sogar einen neuen geistlichen Schlüssel für unseren Erfolg!

Es ist traurig, das sagen zu müssen, aber die Gläubigen von heute hätten große Schwierigkeiten gehabt, manche von Jeremias Predigten durchzustehen, ganz zu schweigen von so einem Fanatiker wie Johannes, dem Heuschreckenfresser. Ich kann es mir sehr gut vorstellen, wie unsere moderne Feinschmecker-Bande diese gesalbten Diener Gottes analysiert hätte. Vielleicht hätte es dann etwa so geklungen:

JEREMIA: Zu negativ! Alles, worüber der redet ist *Gericht*. Ich komme doch in den Tempel, um ein bißchen Freude im Leben zu haben. Dieser Typ ist ein absoluter Spielverderber! Also, ich würde ja sagen, der hat ein paar ernsthafte Probleme. Dieses ganze Weinen! Der leidet ganz offensichtlich unter Ablehnung – ich wette, er projiziert seine Ablehnung auf uns! Ich hoffe, der erfährt bald etwas innere Heilung. Bis dahin gehe ich diesem Kerl lieber aus dem Weg.

Auf jeden Fall habe ich einen guten Rat für ihn: Schau mal ein bißchen fröhlicher drein, Jeremia. Es würde dir nicht schaden, mal ein wenig zu lächeln. Dieses ganze Ding mit Trauer und Gericht war einfach ein bißchen viel für dich. Bald sieht alles ganz anders aus; es wird ja alles wieder gut. Das wird es doch immer!

JOEL: Zu emotional! Was soll denn dieser ganze Aufruf zu weinen und zu klagen? Wie kann er es wagen, mir vorzuschreiben, wie ich Gott zu berühren habe! Er hat sogar die Stirn, mir zu *befehlen*, mein Herz zu zerreißen und nicht mein Gewand. Woher will *er* denn wissen, daß mein Herz nicht zerbrochen ist? Wer hat *ihm* denn gesagt, daß es keine Bedeutung hat, wenn ich mein Gewand zerreiße? Es hatte eine Bedeutung für Joels Vater und für meinen Vater! Wo steht geschrieben, daß ich es nicht erst meine, wenn ich nicht schreie? Diese Pfingstler. Die halten immer Lärm für Nähe. Die meinen doch immer, der Himmel stürzt ein.

Ich sag's dir, dieser Joel ist ein Träumer. Der wird völlig von seinen Gefühlen *übermannt*. Der behauptet doch glatt, der Geist wird eines Tages auf *jeden* fallen, und dann wird *alles Fleisch* prophezeihen. Klar! Ich wette, sie werden auch eine neue Sprache sprechen! Tut mir leid, Joel, aber dieser ganze emotionale Kram ist nichts für mich.

HESEKIEL: Zu abgedreht! Der hat doch eine Schraube locker. Also ehrlich, der hat ein echtes psychisches Problem. Er will einfach nicht reden; durchbricht einfach die Stadtmauer (und schleppt dabei noch einen Koffer mit sich rum!); seufzt, wenn er ißt; schneidet sein Haar ab und verbrennt es dann, streut es in den Wind und versucht, es mit einem Messer zu zerhacken – *während es noch durch die Luft fliegt*. Was für ein Anblick! Der arme Kerl liegt 390 Tage auf der einen Seite und noch 40 Tage auf der anderen, und, man höre und staune, er sagt, *Gott* hat ihm befohlen, all das zu tun! Zeig mir einmal, wo Moses so etwas schon einmal getan hat.

Aber es kommt noch schlimmer. Er verlangt von uns zu glauben, daß er ein Prophet ist, ein Sprachrohr Gottes, und er behauptet, daß Jerusalem, die Stadt des Herrn, an die Babylonier fallen wird! Ich kann diesen armen Irren nur mit einem Wort beschreiben: *funktionsuntüchtig*.

HOSEA: Zu fleischlich! Er hat ganz offensichtlich ein Problem mit Frauen. Stell dir bloß mal vor: Er heiratet eine Prostituierte und besucht Sklavenmärkte. Was für ein Vorbild soll denn das für unsere Jugend sein? Wozu ist der Dienst heute schon verkommen? Ich erinnere mich noch an Zeiten, wo man Leute wie ihn hinausgeworfen hätte! Wahrscheinlich erzählt er uns demnächst, daß seine Frau auch eine Prophetin ist.

Der arme Kerl ist ganz offensichtlich einem Geist der Täuschung aufgesessen. Er denkt, daß *Gott* ihm befiehlt, das zu tun, was er eigentlich gerne tun möchte. Er erklärt einfach alles zu einem göttlich vorherbestimmten Ereignis: Jedes Mal, wenn er seine Frau berührt, jedes Mal, wenn sie ein Baby bekommen, jedes Mal, wenn sie dem neuen Kind einen Namen geben, ist es eine Art prophetische Handlung. Warum können die nicht so sein wie alle anderen auch? Wenn man ihm so zuhört, könnte man fast meinen, er verfaßt einen neuen Teil der Schrift. Klarer Fall: Er unterliegt einer Täuschung!

JESAJA: Zu erhaben! Der verbringt zu viel Zeit mit den Oberen Zehntausend. Ich habe sogar gehört, daß er mit dem König Golf spielt! Ich will einen Prediger, keinen Aristokraten. Oh sicher, ich gebe ja zu, er ist ein guter Redner. Er weiß genau, wie er seine Alliterationen einsetzen muß. Und er ist ein ganz begabter Dichter. Aber ich bin eher der Typ für Hausmannskost. Ich brauche es einfach und geradeheraus. Dieses ganze Zeug mit „auffahren auf Adlersfügeln" und so läßt mich völlig kalt. Ich habe gelernt, zwischen Verstand und Herz zu unterscheiden. Bei Jesaja ist es nur Verstand, kein Herz. Sein Dienst wird den Test der Zeit niemals überstehen.

JOHANNES DER TÄUFER: Zu hart! Ich sage das nur ungern, aber dieser Kerl ist einfach ein bißchen spät aufgetaucht und seine Eltern, nun ja, wir wollen einfach mal sagen, sie haben ihn nie in seine Schranken verwiesen. Sie waren so froh, endlich einen Sprößling zu haben, daß sie ihn nach Strich und Faden verwöhnt haben. Deswegen meint er auch immer, *er* muß recht haben und der Rest der Welt täuscht sich. Deswegen ist er so sicher, daß *er* der auserwählte Bote ist (irgend etwas mit dem Wegbereiter des Herrn). Es ist einfach ein typisches „Einzelkind-Syndrom": Die meinen immer, alles dreht sich nur um sie!

Weißt du, eigentlich tut mir der Johannes nicht einmal leid, auch wenn er jetzt im Gefängnis ist. Er hat es schließlich so gewollt. Wer hat ihm denn gesagt, er soll sich in die Privatgeschichten des Königs mischen? Es wäre besser für ihn gewesen, bei seiner Predigt „Siehe, das Lamm Gottes" zu bleiben. *Das* war nun wirklich einmal ein gute Predigt! Erinnere dich an meine Worte: In zwanzig Jahren, wenn er verheiratet ist und eine eigene Familie hat, dann wird er viel ruhiger sein. Manche Dinge brauchen einfach etwas Zeit.

JOHANNES DER APOSTEL: Zu geistlich! Alles, worüber der spricht, ist Gott und Liebe. „Gott ist Liebe und Liebe ist Gott. Gott liebt dich, deshalb liebe du Gott." Wenn du ihn einmal gehört hast, hast du ihn tausend mal gehört. Vielleicht meint er es ja ernst, aber seine Botschaft ist zu einfach, ganz zu schweigen davon, daß sie undurchführbar ist. Er muß wieder auf den Boden der Tatsachen zurückkommen. Johannes, erzähl uns was über die alltäglichen Dinge, wie Sport, Arbeitsplätze und Politik. Das muß greifbar sein. All dies Getue mit „Licht und Finsternis" hat doch mit meinem Leben nichts zu tun. Und, Johannes, wir sind doch keine kleinen Kinder mehr! Jetzt reicht es mit diesem „Hasse deinen Bruder nicht"-Zeug. Ein bißchen kannst du uns schon zutrauen, oder? Gib uns was *Handfestes*.

PAULUS: Zu verwirrend! Zuerst sagt er, beurteilt alles, dann sagt er, beurteilt nichts, dann sagt er, beurteilt euch selbst, aber er will *sich* nicht beurteilen! Zuerst sagt er uns, daß die Täter des Gesetzes gerechtfertigt werden, dann sagt er, daß *niemand* durch das Gesetz gerechtfertigt werden wird. Weißt du was? Ich denke, der hört sich einfach gerne selber reden! Ich wette, der versteht auch nicht, was er da sagt! (Einmal hat er sogar so lange gepredigt, daß einer dabei eingeschlafen ist und sich fast umgebracht hätte. Natürlich kam Paulus hinterher bei der ganze Geschichte auch wieder als der Held raus!)

Dieser „schwache und schüchterne" Paulus erzählt uns immer, wie demütig er ist, aber erst nachdem er sich selbst als den gesalbstesten aller Apostel bezeichnet. Und dann hat er diesen Verfolgungswahn: Wo immer er hinkommt, scheint er in irgend welche Schwierigkeiten zu geraten. (Selbstverständlich, nach *seiner* Version der Geschichte, hat er auch nie etwas getan, um das zu provozieren!) Wenn ich die Zeit hätte, würde ich gerne mal den Hintergrund von diesem Kerl überprüfen. Es ist doch recht wahrscheinlich, daß er aus einer Familie mit starken Abhängigkeitsstrukturen kommt.

JESUS: Zu radikal! Der stellt völlig unrealistische Ansprüche. Er sagt den Leuten, wenn sie seine Jünger sein wollen, müssen sie *alles* verlassen, sich selbst verleugnen und ihr Kreuz täglich auf sich nehmen. Ganz offensichtlich ist er kein Familienmensch. Er befiehlt den Leuten, ihre Eltern zu *hassen*, und er sagt ihnen auch, wenn sie *ihn* nicht mehr lieben als *sie*, dann sind sie seiner nicht wert. Es ist ganz klar, daß er nicht das Herz eines Hirten hat; ich habe gehört, daß er einmal eine arme Kanaaniterin in Not einen Hund genannt hat, und er zeigte überhaupt kein Einfühlungsvermögen für einen trauernden Sohn, dessen Vater gerade gestorben war. Er sagte: „Laß jemand anderen deinen Vater begraben. Du aber folge mir nach!"

Wenn man nach seinen Anhängern geht, ist er auch nicht besonders tiefgründig. Nur Fischer, Zöllner, politischen Aktivisten und Prostituierte scheinen von ihm beeindruckt zu sein. Die religiösen Leiter wissen es besser! Er ist auch so würdelos: Er *spuckt*, wenn er Menschen heilt, er spricht laut mit Dämonen, und er *berührt* doch tatsächlich Aussätzige und Leichname. Was aber am schlimmsten ist, er hat diese Todesahnungen. Er redet ständig davon, in Jerusalem gekreuzigt zu werden. Wenn er sich nicht vorsieht, wird er sich recht bald in einem ganz schönen Haufen Schwierigkeiten befinden.

Jesus, glaub mir. Wenn du erst einmal eine ordentliche theologische Ausbildung verbuchen kannst, deine Botschaft etwas abmilderst und endlich aufhörst, deine geistlichen Vorgesetzten zu beleidigen, dann wirst du um einiges länger leben. Denk doch einmal daran, wie vielen Menschen du helfen könntest, wenn du einen frühzeitigen Tod vermeidest.

Und denk an all die Menschen, denen *wir* helfen könnten ... wenn es nur nach unseren Vorstellungen ginge.

Den meisten aus dem Volk Gottes genügt es, von der äußeren Hölle gerettet zu sein. Es ist ihnen kein Anliegen, von der Hölle in ihnen gerettet zu werden.

Robert Murray M'Cheyne

Ich setze mich in Brand, und die Menschen kommen, mich brennen zu sehen. (Auf die Frage, wie er die Menschenmassen anziehe.)

John Wesley

Es war deutlich, daß sie aus irgend einem Grund meinen klaren Worten widerstanden, und daß meine forschenden Predigten sehr viele von ihnen erstaunten oder sogar beleidigten. Als das Werk jedoch fortschritt, veränderte sich dieser Zustand stark. Nach einigen Wochen lauschten sie den forschenden Predigten aufmerksam und schätzten sie sogar.

Charles G. Finney

Sprich jedes Mal, lieber Bruder, als wäre es dein letztes; weine, wenn irgend möglich, jeden Punkt hinaus; und dann laß sie rufen: „Sieh, wie er uns liebt."

George Whitfield

Wir brauchen erneut den Schall der Trompete, den faulen Gläubigen zu sagen, daß Gott von seinem Volk Heiligkeit erwartet. Es besteht eine Hungersnot an wahrhafter Predigt der Heiligkeit.

Leonard Ravenhill

Du bist ganz schuldig; er ist die Quelle, dich zu waschen. Du bist ganz nackt; er hat ein Hochzeitsgewand, dich zu bedecken. Du bist tot; er ist das Leben. Du bist ganz verwundet und verletzt; er ist der Balsam von Gilead.

Robert Murray M'Cheyne

Kapitel Fünf

Die Spreu vom Weizen trennen

Es besteht kein Zweifel daran, daß es gegenwärtig im Westen Millionen verwöhnter Gläubiger gibt. Ihr Geschmack, was die Qualität von Predigten angeht, ist ziemlich schlecht. Aber es ist ebenso wahr, daß es sehr viele ziemlich schlechte Predigten gibt! Es ist doch leider so, daß die *meisten* Predigten unserer Zeit von einem Mangel an Salbung, Mangel an Feuer und Mangel an überführender Kraft gekennzeichnet sind.

Dabei stehen wir vor einem doppelten Problem: Die Feinschmecker-Christen haben nicht besonders viel gutes Predigtmaterial, aus dem sie auswählen könnten; und *wenn* es einmal welches gibt, dann erkennen sie es nicht! Sie sind wie Kinder, die den Nachtisch lieben und das Gemüse verabscheuen, oder wie Studenten, die meinen, von Schoko-Riegeln und Cola leben zu können. Diese verwöhnten Kirchenbank-Polierer essen gerne, aber was sie essen, ist nicht gesund!

Die Gläubigen heute haben allen Grund, nach mehr Fleisch aus dem Wort hungrig zu sein. Das Problem dabei ist, daß wir dabei eine Vorliebe für Schleckereien entwickelt haben, nicht für Nahrhaftes; für Extravagantes, nicht für Essen. Ja, es gibt genug Anlaß, daß sich viele Gläubige beklagen: „Aber mein Pastor ist zu negativ" (oder zu emotional, zu langweilig, zu langatmig, zu verwirrend, zu eintönig, usw.) Die Schwierigkeit liegt aber darin, daß, wenn wir die gleichen Maßstäbe anlegen, uns die biblischen Propheten und Apostel auch nicht gefallen hätten!

John Wesley hatte zu seiner Zeit mit dem gleich Phänomen zu kämpfen. Die Menschen hatten mit seinen Predigten Probleme, weil er sich nicht „dem anpaßte, was er geringschätzig als ‚wohlschmeckende Rede' bezeichnete. In manchen Kreisen wurde das als Botschaft des Evangeliums ausgegeben, was Wesley aber entschieden zurückwies"[15] (A. Skevington Wood). Was meinte er mit einer „wohlschmeckenden Rede"? Offensichtlich bezog er sich hier auf eine „wohlschmeckende Predigt des Evangeliums, die gänzlich aus Verheißungen bestand, völlig ohne Bedingungen"[16] (John Worthington).

Wesley beklagte einmal, wenn sich die Menschen erst einmal an diese locker-flockigen Predigten gewöhnt hätten, so wäre jeder Appetit auf solide Nahrung verloren. Seine scharfe Kritik an diesen seichten Predigten klingt, als wäre sie erst gestern geschrieben:

> Nun, dies ist doch genau meine Behauptung: daß eben diese sogenannten „Prediger des Evangeliums" ihre Hörer ins Verderben führen; sie beeinflussen ihren Geschmackssinn derart negativ, daß sie keine gesunde Lehre mehr zu schätzen wissen; und sie verderben ihnen den Appetit, daß sie sich nicht mehr der Nahrung zuwenden können; sie füttern sie, bildlich gesprochen, mit allerlei Unnützem, bis der reine Wein des Reiches Gottes ihnen ganz fade erscheint. Sie verabreichen ihnen einen Schnaps nach dem anderen, der sie für den Moment belebt und begeistert; aber in der Zwischenzeit ist ihr Appetit zerstört, so daß sie die reine Milch des Wortes weder aufnehmen noch verdauen können. Und so kommt es, daß (nach den Beobachtungen, die ich in allen Teilen Englands und Irlands gemacht habe) Prediger dieser Art (auch wenn es anfangs noch ganz gegensätzlich erscheint) unter ihren Hörern den Tod verbreiten, und nicht das Leben. Und sobald der Strom der Wässerchen [also der alkoholischen Getränke] versiegt, sind sie völlig leblos, machtlos, ohne jede Stärke oder Kraft der Seele; und es ist außerordentlich schwierig, sie da herauszuholen, weil sie immer noch nach „Stärkungsmittelchen" schreien, von welchen sie ohnehin schon zuviel hatten, und sie keinen Appetit auf die Nahrung haben, die gut für sie ist. Weit entfernt, sie zeigen gar einen starken Widerwillen gegen sie, welcher durch das Prinzip verstärkt wird, daß man sie lehrte, solches abfällig Schoten zu nennen, wenn nicht gar Gift.[17]

Was für ein erstaunliches Zitat! Menschen, aufgeblasen durch eine untergewichtige Botschaft des Evangeliums, *scheinen* voller geistlicher Lebenskraft zu sein, aber man rufe sie nur zu Opfern oder einem biblischen Standard von Heiligkeit auf, und schon rufen sie: „Das ist nicht vom Geist Gottes!" Die selben Menschen, die so vor Kraft zu strotzen scheinen, können sich nicht einmal durch einen einzigen Tag retten, ohne sich erneut durch die gleiche „positive Botschaft aufpumpen" zu lassen. Sie haben fast keine geistlichen Reserven! Warum? Sie sind abhängig von einer seelischen Lehre, die wenig mehr als ein emotionales Hochgefühl hervorbringt.

Solche Lehre kann ausgesprochen gefährlich sein. Wesley ging im Übrigen so weit, daß er behauptete, daß eine Predigt mit einer solch starken Betonung auf der Rettung durch den Glauben *ohne* eine starke Betonung der Heiligkeit sogar

> ... die nutzloseste, wenn nicht sogar schädlichste [ist] ... Ich erkenne mehr und mehr, daß diese naturgemäß dazu neigt, die Heiligkeit aus dieser Welt zu vertreiben.

Was wir heute brauchen, sind mehr Geist-erfüllte, Jesus-preisende, Bibel-fundierte, Leben-verändernde Predigten und Lehren des heiligen Wortes eines heiligen Gottes. Was wir heute brauchen, ist mehr Weizen und keine Spreu. Wie können wir den Unterschied erkennen? Hier sind einige Fragen, die wir uns stellen müssen:

Verherrlicht diese Predigt Jesus? Das zentrale Thema im Wort ist nicht Glaube, Liebe, Gebet, Heiligkeit, Buße, Evangelisation, Beziehung, Bund, Gemeinde, Israel, Geistesgaben, nicht einmal das Wort selbst. Das zentrale Thema im Wort ist Jesus, der Messias, der Retter und Herr – zur Ehre Gottes, des Vaters. Und das muß auch unser Thema sein! Es muß unser Herz singen lassen und unsere Predigt inspirieren.

Johannes der Täufer hatte diese schwerwiegende Wahrheit in ihrer ganzen Bedeutung verstanden. Der einzige Grund, warum er gekommen war, mit Wasser zu taufen, war „damit er [Jesus] Israel offenbar werde" (Johannes 1,31). Das Ziel seiner Predigt – und seines ganzen Lebens – war, daß Jesus wachsen und er abnehmen solle (Johannes 3,30). Deswegen nannte der Herr Johannes den größten Propheten, der je auf dieser Erde gelebt hatte.

Wie können sich die Prediger von heute daran messen? Wie viele von ihnen können sagen: „Der einzige Grund, warum ich diene, ist, damit Jesus offenbar wird"? Wie viele sind groß in den *Augen Gottes?* Wie viele wissen auch nur ein wenig über den „unausforschlichen Reichtum des Christus" (Epheser 3,8)?

Und diejenigen unter uns, die eine starke Last für die Reinheit des Leibes haben, müssen sich einer grundlegenden Sache gewärtig sein: Jesus, nicht die Sünde, muß unser Schwerpunkt sein! *Prediger, die ihr Hauptaugenmerk auf die Sünde richten und nicht auf Jesus, sind wie der Bräutigam, der die Augen von seiner geliebten Braut abwendet, wenn sie in der Kirche zum Altar schreitet, und seine Aufmerksamkeit statt dessen auf eine Fliege auf ihrem Kleid richtet.* Wir müssen uns stets auf unseren Retter und Herrn konzentrieren!

Bringt mich diese Predigt näher zum Herrn? Spornt sie mich an, im Gebet und im Wort zum Herrn durchzudringen? Stärkt sie meine Beziehung zu ihm? Außerhalb des Weinstocks haben wir kein Leben (Johannes 15,1-7). Er ist das lebendige Wort (Johannes 1,1+14); das Brot des Lebens (Johannes 6,35); der Weg, die Wahrheit und das Leben (Johannes 14,6); und die Auferstehung und das Leben (Johannes 11,24-25). Wir müssen uns von ihm nähren, um überhaupt leben zu können. Die gesunde Predigt des Wortes muß uns direkt auf die Quelle des Lebens verweisen, und uns noch mehr von ihm abhängig werden lassen. Gleichzeitig, nachdem *Gott* im wahrhaften Herzen des Wortes steht, werden rechte biblische Lehre und Predigt *ihn* in *unser* Herz pflanzen.

Der echte Dienst des Wortes wird uns nach mehr von Gott hungern lassen, nicht nach mehr Dingen. Er wird unseren Wunsch bestärken, ihm zu gefallen, und nicht mehr länger uns selbst.

Stellt diese Predigt Sünde bloß? Bringt sie Überführung? Bietet sie ein Gegenmittel gegen Sünde? Das Licht offenbart alles, und das Wort Gottes ist ein solches Licht (Psalm 119,105). Es fällt auf Sünder und Heilige! (Lesen Sie das nächste Kapitel, um nähere Details zu erfahren.) Wie Jakobus schreibt, ist das Wort wie ein Spiegel. Wenn wir hineinblicken, sehen wir uns, wie wir wirklich sind. Die getreue Predigt des Wortes wird uns unseren wahren Zustand zeigen (ob uns das gefällt oder nicht), und sie wird uns den Ausweg zeigen. Der Gläubige, der aufmerksam „in das vollkommene Gesetz der Freiheit hineingeschaut hat", *und nach dem handelt, was er gesehen hat,* „wird in seinem Tun glückselig sein" (Jakobus 1,25).

Selbstverständlich wollen viele von uns nicht einmal in diesen Spiegel hineinblicken. Wir sind wie Menschen mit Übergewicht, die sich weigern, auf die Waage zu steigen. Aber Tatsache bleibt Tatsache. *Sehen Sie in den Spiegel.* Wenn die Botschaft auf einen wunden Punkt trifft, müssen wir beständig in das Wort vom Himmel schauen, anstatt zu leugnen, daß es von Gott kommt, und wir müssen glauben, daß der Gott, der es ausgesandt hat, es zum Leben geplant hat, nicht zum Tod, zur Freiheit und nicht zur Knechtschaft. Und lassen Sie den Heiligen Geist, der die Predigt des Wortes salbt, sein überführendes Werk in uns tun. Er weiß genau, was er tut! Wenn Sie das Vorrecht haben, eine Predigt zu hören, die wirklich vom Geist gesalbt ist, dann widerstehen Sie der korrigierenden Hand Gottes nicht, und verpassen Sie nicht eine solche einmalige Gelegenheit, indem Sie ihn betrüben.

Korrigiert und tadelt diese Predigt ebenso, wie sie ermutigt und lehrt? Sagt sie die Wahrheit? Ist sie „gemäß der Schrift"? Die folgenden Verse sollen für sich selbst sprechen, und dann bewerten Sie einmal das, was Sie hören, gemäß diesen Standards, die Gott aufgestellt hat:

Besser offene Rüge als verborgen gehaltene Liebe. Treu gemeint sind die Schläge dessen, der liebt, aber überreichlich die Küsse des Hassers. (Sprüche 27,5-6)

Wer einen Menschen zurechtweist, findet letztlich mehr Gunst als einer, der mit der Zunge schmeichelt. (Sprüche 28,23)

Der Gerechte schlage mich – es ist Gnade. Er strafe mich – es ist Öl ‹für› das Haupt. Mein Haupt wird sich nicht weigern. (Psalm 141,5)

Alle Schrift ist von Gott eingegeben und nützlich zur Lehre, zur Überführung, zur Zurechtweisung, zur Unterweisung in der Gerechtigkeit, damit der Mensch Gottes richtig sei, für jedes gute Werk ausgerüstet. (2. Timotheus 3,16-17)

Wenn Sie von der Kanzel aus nur „gelehrt" werden, ohne je zurechtgewiesen, korrigiert oder unterwiesen zu werden (selbstverständlich sollte das immer in Sanftmut aus einem liebenden Herzen erfolgen, nicht mit Härte aus einem dominierenden Geist), dann werden Sie nicht „ausgerüstet für jedes gute Werk". Ihr Ernährungsplan hat schwere Mängel! Deswegen ermahnte Paulus Timotheus mit dem größten Nachdruck:

Ich bezeuge eindringlich vor Gott und Christus Jesus, der Lebende und Tote richten wird, und bei seiner Erscheinung und seinem Reich: Predige das Wort, stehe bereit zu gelegener und ungelegener Zeit; überführe, weise zurecht, ermahne mit aller Langmut und Lehre! (2. Timotheus 4,1-2)

Möge jeder Diener des Evangeliums diese eindringliche Ermahnung des Paulus befolgen! *Schmeichelei kommt vom Teufel.* Der junge Elihu hatte schon recht:

Für keinen werde ich Partei ergreifen, und keinem Menschen werde ich schmeicheln! Denn ich verstehe mich nicht aufs Schmeicheln; sonst würde mein Schöpfer mich ‹wohl› bald dahinraffen. (Hiob 31,21-22)

Pastoren, sprecht die Wahrheit in Liebe. Folgt dem Muster des Sohnes Gottes in Offenbarung 2 und 3. Er führte die Gemeinden nicht in die Irre. Er streichelte die Sünder nicht. Er war schmerzhaft ehrlich, lobte und tadelte jede Gemeinde, wie es erforderlich war, und ließ ihnen immer eine Hoffnung, wenn sie nach seinem Wort handelten. Er ist der große Hirte der Schafe. Sollten die Unterhirten nicht seinem Vorbild folgen?

> Ich *überführe* und *züchtige* alle [sagt Jesus], die ich liebe. Sei nun eifrig und tu Buße! (Offenbarung 3,19)

Wird es bei dieser Predigt jemals dem Fleisch unbehaglich? Veranlaßt sie mich zu handeln? Ein christlicher Liederschreiber unserer Zeit sagte einmal: „Das Kreuz ist eine radikale Sache." Sterben macht dem Fleisch keinen Spaß. Sich selbst zu verleugnen ist für den natürlichen Menschen kein Vergnügen. Aber trotzdem ist es der einzige Weg zum Leben! Überhaupt ist es doch so, daß Selbstverleugnung und unser Kreuz auf uns zu nehmen doch nur die ersten Schritte in der aktiven Nachfolge Jesu sind. Das bedeutet Handeln!

> Er sprach aber zu ihnen allen: Wenn jemand mir nachkommen will, verleugne er sich selbst und nehme sein Kreuz auf sich täglich [man bedenke, daß dies etwas alltägliches ist] und *folge mir nach*! (Lukas 9,23)

Eine gute Predigt hält uns in Bewegung!

Der Geist steht nicht still. Noch bleibt er irgendwo hängen. Im Angesicht einer Welt, die von Trübsal und Täuschung, Hunger und Krankheit, Götzendienst und Unmoral, Haß und Homosexualität, Rassismus und Rebellion zerrissen wird, wie können wir da *nichts* tun? Wie sollte es möglich sein, daß Gott, der diese häßliche, gefallene Welt liebt, uns nicht durch sein Wort zum Dienen und zum Opfer herausfordert? Wenn es so viele Nöte im Leib gibt, wie könnte das Haupt da schweigen? Hören Sie genau auf den Ansporn des Herrn, und widerstehen Sie ihm nicht, was er auch sagt!

Bringt diese Predigt Überführung? Ist sie ein Teil der eigenen Erfahrung des Predigers mit Gott? Oder ist sie nur die wiederverwertete Version der Offenbarung eines anderen? Wir leiden heute an einer Landplage von Papageien-Predigern.

Sie machen sich schuldig, indem sie auf den Fußspuren der falschen Propheten aus Jeremia 23,30-31 wandeln:

> Darum siehe, ich will an die Propheten, spricht der HERR, die einer vom anderen meine Worte stehlen. Siehe, ich will an die Propheten, spricht der HERR, die ihre ‹eigene› Zunge nehmen und sprechen: Ausspruch ‹des HERRN›.

Es ist eine Sache, die Botschaft eines anderen Predigers aufzunehmen, wenn sie im eigenen Geist Zeugnis ablegt und tief im Inneren widerhallt. Es ist eine andere Sache, das zu sein, was man einen „Predigt-Papagei" nennt. Diese Art der Predigt trifft nur sehr oberflächlich. Sie bewegt das Herz nicht dauerhaft, da ein Prediger immer nur den Einfluß auf andere haben kann, den der Herr auf ihn selber haben konnte. Wie seicht und wirkungslos sind so viele der Predigten in unseren Tagen! Sie kommen aus seichten Herzen.

Wir könnten hier eine Lektion von den Puritanern lernen. Sie glaubten: „Es gibt keine Predigt, die wir hören, die uns nicht dem Himmel oder der Hölle näher bringt" (John Preston). Deshalb predigten sie sowohl *aus* dem Herzen wie aus dem Verstand, wie sie auch sowohl *dem* Herzen wie dem Verstand predigten. Sie waren auf Tiefgang aus!

> Ich predigte, was ich fühlte, was ich aufs allerschmerzlichste fühlte ... In der Tat war ich wie einer, der ihnen von den Toten gesandt war. Ich selbst ging in Ketten, um ihnen in Ketten zu predigen; und ich trug das Feuer in meinem eigenen Gewissen, vor dem ich sie warnte, sich zu hüten (John Bunyan).
>
> Ich predigte, als ob ich nie wieder predigen könnte. Und als Sterbender den Sterbenden (Richard Baxter).[18]

Stellt diese Predigt die Gnade Gottes dar? Gibt sie mir Hoffnung? Bringt sie Glaube in mir hervor, zu vertrauen und zu empfangen? Paulus spricht von dem „überragenden Reichtum seiner Gnade in Güte an uns erwiesen in Christus Jesus" (Epheser 2,7). Genau das wird Gott in den kommenden Zeitaltern erweisen! Geisterfüllte Prediger sollten sich bereits jetzt schon dieser herrlichen, lebensverändernden Wahrheit brüsten. *Unser Gott ist der Urheber aller Gnade.* Und so haben wir in ihm immer Hoffnung. Deshalb konnte der Prophet Amos acht schmerzliche Kapitel lang den göttlichen Tadel mit donnernder Stimme verkünden, um dann in Kapitel 9 mit Hoffnung zu enden. Den Aufrichtigen strahlt Licht auf in der Finsternis (Psalm 112,4).

Die richtige Lehre des Wortes wird unweigerlich unseren Glauben aufbauen: Wenn wir die Verheißungen unseres ewigtreuen, nie versagenden Vaters hören, und wenn wir dann verstehen, daß er uns durch sein Wort Glauben gewährt, wie sollten wir da etwas anderes tun als glauben? Wie könnten wir da nicht empfangen? Wenn uns Jesus, unser Hoher Priester, in der Predigt vor Augen gestellt wird, wie sollten wir da keine Hoffnung haben?

Betont diese Predigt die Liebe Gottes? Für hingegebene Gläubige gibt es nichts Ermutigenderes, Erhebenderes, Inspirierenderes als eine solide, biblische Predigt der Liebe Gottes. Was könnte für uns, die heiß geliebten Kinder Gottes, wunderbarer sein, als eine Botschaft über die Liebe unseres Vaters? Was mehr könnten wir uns je zu hören wünschen? *Es wird niemals zu viele Predigten über die Güte des Herrn geben können* – solange wir den Rest der Botschaft nicht weglassen! (Vgl. Römer 11,22; wir müssen seine Güte ebenso wie seine Strenge beachten.)

Die Gnade und liebende Güte Gottes – uns erwiesen durch das Opfer seines Sohnes – muß von der Kanzel beständig verkündet werden. So wie David Wilkerson erst vor kurzem schrieb:

> Das tägliche Leben der meisten Christen ... ist nicht ein Weg des Glaubens und Vertrauens auf Gottes Liebe. Statt dessen leben sie unter einer Wolke der Schuld, Angst und Verdammnis. Sie sind niemals wirklich frei gewesen – sie konnten niemals in der Liebe Gottes zu ihnen ruhen.[19]

Selbstverständlich können viele Gläubige keine Ruhe finden, weil ihr Leben mit Sünde und Ungehorsam so vollgestopft ist. Aber dort, wo es wahrhafte Buße und göttliche Traurigkeit gegeben hat (oft als Resultat einer neuen Offenbarung der Liebe des Vaters!), so sagt Wilkerson, ist es an der Zeit, „in die Festhalle der Liebe einzugehen – zum Festmahl!" Für alle Ewigkeit werden wir uns an den Reichtümern der unermeßlichen Liebe Gottes ergötzen.

Bewegt mich diese Liebe zu einem heiligen Leben? Bringt sie bleibende Frucht hervor (die nicht fortwährend bestärkt und neu aufgefüllt werden muß)? Führt sie mich zu einem Leben im Sieg? Die Gläubigen in Rom waren „von Herzen gehorsam geworden ... dem Bild der Lehre, dem [sie] übergeben worden [waren]" (Römer 6,17). Deshalb waren sie von der Sünde frei geworden und wurden nun Sklaven der Gerechtigkeit (Römer 6,18). Wir brauchen mehr von diesem „Bild der Lehre" heute!

Die Bekehrten des Paulus hielten durch. Man denke nur an die Thessalonicher, die Paulus bald nach ihrer Bekehrung wieder verlassen mußte. Er konnte über ihr „Werk des Glaubens" schreiben, ihre „Bemühung der Liebe" und ihr „Ausharren in Hoffnung auf unseren Herrn Jesus Christus" (1. Thessalonicher 1,3; vgl. auch 2. Thessalonicher 1,4). Das ist das Ergebnis von solider geistlicher Nahrung: gut genährte Gläubige, die den Feind überwinden, Versuchungen niederringen, sich weigern, klein beizugeben und die für Gott Frucht bringen.

All das steht nun in scharfem Kontrast zu so vielem, was wir im Radio oder im Fernsehen hören, in christlichen Büchern und Zeitschriften lesen und in unseren Gemeinden erfahren. So viele der Botschaften, die wir hören, veranlassen uns, uns zu entspannen und selbstzufrieden zu werden. *Sie schneiden uns ab vom Werk Gottes.* Andere Lehren führen uns dazu, uns selbst an die erste Stelle zu setzen, das Selbst zu erheben oder Ehre und Aufmerksamkeit auf Menschen zu richten (wie der bekannte Fernseh-Prediger, der seine Zuhörer dazu aufrief, laut zu proklamieren: „Ich bin ein Gott! Ich bin ein Gott!). Wie viel „un-christlicher" können wir denn noch werden?

Die Botschaften so vieler moderner „Prediger" bringen eher Unabhängigkeit und Arroganz hervor, an Stelle von Abhängigkeit und Zerbrochenheit. Ist es nicht so, daß ihre Lehre nicht sogar darauf *ausgerichtet* ist, solche faulen Früchte hervorzubringen, und all das mit dem Anspruch, „unsere Rechte in Christus wahrzunehmen" und „unser verheißenes Land einzunehmen"?

(Mit anderen Worten: „Ich bekomme, was ich will, wann ich es will!") Aber wie steht es mit seinem Recht an uns? Wie steht es mit der Tatsache, daß *er uns* erkauft hat und daß *wir sein* Erbteil sind?

Und, um allen Seiten Rechnung zu tragen, lassen Sie uns auch nicht die extreme Version der alten Heiligungs-Botschaft vergessen: eine „harte Predigt", die, anstatt die Sünde zu verurteilen, die Heiligen verurteilt und so alle Hoffnung zerstört und Tod statt Leben bringt. (Diejenigen von Ihnen, die zu solchen Büchern wie dem vorliegenden „Amen" sagen, müssen vorsichtig sein, nicht in diese Falle hineinzutappen!) Das ist nämlich auch nicht biblisch.

Wohin kann man sich sonst wenden? Was sollte man tun, wenn man in eine geistliche Grabesruhe gelullt und zu glaubenslosem Gallert geschmeichelt wird? Was, wenn man immer nur gestreichelt und nie gefordert wird, nur überschüttet und nie überführt wird, ständig getröstet und nie gescholten wird?

Zuerst einmal überprüfen Sie Ihr eigenes Herz. Stellen Sie sicher, daß Sie den „ganzen Ratschluß Gottes" hören wollen. Vielleicht ist der Grund dafür, daß Sie nichts Neues hören, darin zu suchen, daß Sie sich beständig geweigert haben, etwas Altem zu gehorchen!

Zweitens, werden Sie allen „außerplanmäßigen" Schrott los. Es gibt sehr viel Lehre im christlichen Radio und Fernsehen und auch in den Buchläden, die kaum unsere Zeit wert ist. Sie müssen unterscheiden, nicht getäuscht werden.

Drittens, beten Sie für Ihre Pastoren und Leiter, besonders wenn Sie feststellen, daß wirklich etwas schief läuft. Wenn es möglich ist, dann teilen Sie Ihr Herz mit ihnen. Verurteilen Sie sie nicht, reden Sie nicht schlecht über sie, und tragen Sie keine Spaltung oder Rebellion mit sich herum. Wenn sich die Situation aber nicht verbessert, wenn Sie weiterhin *kritisch* unterernährt und fehlversorgt sind, wenn sich *keine* Offenheit für geistliche Veränderung oder Zusammenarbeit zeigt, dann müssen Sie vielleicht an einen anderen Ort gehen (und ehrlich, das ist auch nicht das Ende der Welt!), wo Sie effizient dienen, sich unterordnen und ernährt werden können.

Aber das Wichtigste dabei ist, *gehen Sie selber ins Wort*. Lesen Sie es, bewegen Sie es in Ihrem Herzen, lernen Sie es auswendig, proklamieren Sie es, wiederholen Sie es, verschlingen Sie es, gehorchen Sie ihm, glauben Sie es. Kein Prediger kann dafür je Ersatz sein.

Und erinnern Sie sich daran: Jede Botschaft, die Selbstzufriedenheit hervorbringt, ist nicht von Gott. Jede Botschaft, die Menschen tröstet, ohne zu überführen, ist nicht von Gott. Jede Botschaft, die die Scheußlichkeit der Sünde herunterspielt, ist nicht von Gott. (Sie müssen sich vor Pastoren und Evangelisten hüten, die Sünde auf die leichte Schulter nehmen!) Jede Botschaft, die am Kreuz vorbei geht – sei es das Kreuz unseres Retters oder unser eigenes – ist nicht von Gott. Jede Botschaft, die die Heiligen ihrer Hoffnung beraubt, ist nicht von Gott.

Wenn also Ihr Herz vor Gott rein ist, dann soll Sie niemand verdammen! Wenn nicht, dann soll Sie niemand einlullen. Sie könnten vielleicht nie mehr erwachen.

Ich habe von einigen unzivilisierten Völkern gelesen, die, sobald die Sonne in ihrer Hitze auf sie niederbrennt, ihre Pfeile auf sie abschießen – ebenso handeln böse Menschen gegen das Licht und die Hitze der Frömmigkeit.

Jeremiah Burroughs

Preist den Herrn, nun können wir endlich Sodomie betreiben! (Ausspruch eines neu gewählten Beamten in Florenz, unmittelbar nachdem der prophetische Priester Savonarola 1498 gehängt worden war.)

Die Schrift ist das Wort Gottes, und sie ist ein gründlicher Richter des Menschen. Sie legt selbst die Wurzeln seiner Natur offen dar – und sie eröffnet die Fundamente seines moralischen Wesens.

C. H. Mackintosh

So, wie wir das Wort Gottes prüfen, prüft das Wort Gottes uns; selig [sind wir], wenn wir bei dieser Prüfung als Gold befunden werden.

William Jay

Es heißt nicht, veranlasse dein Licht zu leuchten. Wenn es wirklich Licht ist, wird es auch ohne dich leuchten – du darfst es nur nicht unter den Scheffel stellen. Laß es leuchten. Bekenne Christus überall.

D. L. Moody

Kapitel Sechs

Das Licht offenbart alles

Johannes war der Apostel der Liebe, und sein Evangelium ist das Evangelium der Liebe. Es war Johannes, der diese unsterblichen Worte aufschrieb: „Denn so hat Gott die Welt geliebt, daß er seinen eingeborenen Sohn gab ..." (Johannes 3,16). Und es war Johannes, der uns mitteilte, daß Gott „seinen Sohn nicht in die Welt gesandt [hat], daß er die Welt richte, sondern daß die Welt durch ihn errettet werde" (Johannes 3,17). Es war Johannes, der uns einen absolut offensiven und konfrontativen Jesus vorstellte. Der Jesus aus dem Johannes-Evangelium war nicht länger ein Kindlein in Bethlehem!

Aber manche Lehrer haben uns darauf hingewiesen, daß Johannes das Wort *Buße* in seinem ganzen Evangelium kein einziges Mal gebraucht. (Leonard Ravenhill erinnert uns hier daran, daß das Wort *Hölle* im Johannes-Evangelium ebenfalls kein einziges Mal vorkommt. Bedeutet das etwa, daß wir nicht mehr an die Hölle glauben?) Ihr Argument lautet etwa folgendermaßen: „Du kannst gerettet werden, ohne Buße zu tun. Jesus selber sagt das. Lies doch einfach einmal das vierte Evangelium!" Nun gut, lesen wir darin!

Was können wir aus Johannes 3,16-21 lernen, einer der bekanntesten Stellen in der ganzen Bibel? Gott hat seinen Sohn nicht in die Welt gesandt, um die Welt zu richten, sondern um sie zu konfrontieren. Er hat Jesus nicht gesandt, um die Sünder hinauszuwerfen, sondern um sie bloßzustellen. *Liebe ist offensiv und konfrontiert.* Sehen Sie sich diese Worte einmal genauer an:

Dies aber ist das Gericht, daß das Licht in die Welt gekommen ist, und die Menschen haben die Finsternis mehr geliebt als das Licht, denn ihre Werke waren böse. Denn jeder, der Arges tut, haßt das Licht und kommt nicht zu dem Licht, damit seine Werke nicht bloßgestellt werden. (Johannes 3,19-20)

Alles ... wird durchs Licht offenbar. (Epheser 5,13)

Das gesamte Johannes-Evangelium hindurch bringt Jesus die verdeckten Dinge ans Licht und stellt die bösen Taten der Welt bloß. Er entlarvt die Heuchelei der religiösen Elite; er deckt die verborgenen Haltungen der Menschenherzen auf; er ruft die Menschen aus der Finsternis heraus. Aber herauszukommen bedeutet, sich zu reinigen!

Bedenken Sie einmal den Dienst des Herrn an der Samariterin. Er lud sie ein, an seinem lebendigen Wasser teilzuhaben, „eine Quelle Wassers ..., das ins ewige Leben quillt" (Johannes 4,14). Und dann wurde es ganz praktisch: „Geh hin, rufe deinen Mann und komm hierher" (Johannes 4,16). Plötzlich veränderte sich die Atmosphäre. Innerhalb nur einiger weniger Sekunden war ihr sündiges Leben bloßgestellt, und sie wußte, sie war einem Propheten begegnet.

Kommt, seht einen Menschen, der mir alles gesagt hat, was ich getan habe! Dieser ist doch nicht etwa der Christus? (Johannes 4,29)

Nun stellen Sie sich einmal die folgende Frage: Warum redete Jesus diese Fremde nicht mit Namen an? Das hätte sie mit Sicherheit überrascht. Oder warum flüsterte er nicht den Namen ihrer Straße, oder erinnerte sie an ihren Traum der vergangenen Nacht? Das hätte ihre Aufmerksamkeit erregt. Nein. Er konfrontierte sie mit ihrer Sünde: „Verhält es sich nicht so: Fünf Männer hast du gehabt, und der, den du jetzt hast, ist nicht dein Mann" (Johannes 4,18). Aus einem Guß mit den Ereignissen um Paulus und Felix und um Johannes den Täufer und Herodes! Können Sie das Muster erkennen, das sich hier entwickelt?

Das gnadenvolle Angebot des ewigen Lebens bleibt bestehen. Es ist umsonst. Aber Sie müssen Ihre Sünde verlassen, um es genießen zu können! „Niemand kann zwei Herren dienen ..." (Matthäus 6,24a). Jesus verlangt Treue. Er wird uns mit seiner

Gnade überschütten, aber wir müssen ihm nachfolgen – und das heißt im Licht zu wandeln.

> Denn ihr alle seid Söhne des Lichts und Söhne des Tages; wir gehören nicht der Nacht und nicht der Finsternis. (1. Thessalonicher 5,5)

> Laßt uns nun die Werke der Finsternis ablegen und die Waffen des Lichts anziehen! (Römer 13,12b)

Das ist die Botschaft des Johannes. Wenn Sie den Sohn kennen wollen, müssen Sie aus der Finsternis in sein Licht kommen. Niemand, der das Licht haßt, kann in das Reich Gottes hineinkommen!

Jetzt wenden Sie sich einmal Johannes 8,1-11 zu, der Geschichte der Frau, die im Ehebruch ertappt wurde. Irgendwie wurde diese Stelle mißbraucht, Sünde leichtfertig zu entschuldigen. Schließlich war die Frau auf frischer Tat ertappt worden, und Jesus ließ sie einfach gehen. Aber ließ er sie wirklich „einfach gehen"? Nein, das tat er nicht. Er gewährte ihr vollständige Vergebung und ging weit über die Grenzen des Gesetzes hinaus. Er verdammte sie nicht. *Aber er duldete die Sünde auch nicht.* „Geh hin und sündige von jetzt an nicht mehr" (Johannes 8,11).

Der selbe, der unsere Sünden vergibt, befiehlt uns auch, unsere Sünden zu verlassen. Versöhnung und Vergebung gehen Hand in Hand. Das Muster ist das gleiche: *Im Johannes-Evangelium spricht Jesus die Sünde an, wo immer sie auftaucht.* (Erinnern Sie sich an das, was er dem Gelähmten sagte, den er geheilt hatte? „Siehe, du bist gesund geworden. Sündige nicht mehr, damit dir nichts Ärgeres widerfahre" [Johannes 5,14].) Das alles ist Teil der offensiven und konfrontativen Botschaft.

Sehen Sie sich die Worte des Herrn in Johannes 8 an:

> ... wenn ihr nicht glauben werdet, daß ich es bin, so werdet ihr in euren Sünden sterben ... Wahrlich, wahrlich, ich sage euch: Jeder, der Sünde tut, ist der Sünde Sklave ... Wenn nun der Sohn euch frei machen wird, so werdet ihr wirklich frei sein. (Johannes 8,24;34;36)

Wer nicht glaubt, wird in seinen Sünden sterben; wer glaubt, wird frei gemacht. Es gibt Sklaven der Sünde, und es gibt Diener des Sohnes. Es gibt Gefangene der Finsternis, und es gibt Menschen des Lichts. Für Johannes (d. h. für den Jesus, den Johannes darstellt) bedeutet *Glaube*, sich von der Finsternis *abzuwenden* und sich dem Licht zuzuwenden, weg von der Sünde, hin zum Retter.

Das ist das klare und eindeutige Zeugnis des gesamten Neuen Testaments. In den Briefen des Paulus wird es ganz deutlich gelehrt:

> Denn einst wart ihr Finsternis, jetzt aber ‹seid ihr› Licht im Herrn. Wandelt als Kinder des Lichts – denn die Frucht des Lichts ‹besteht› in lauter Güte und Gerechtigkeit und Wahrheit –, indem ihr prüft, was dem Herrn wohlgefällig ist. Und habt nichts gemein mit den unfruchtbaren Werken der Finsternis, sondern stellt sie vielmehr bloß! (Epheser 5,8-11)

In den Briefen des Johannes wird es sogar noch klarer gelehrt. (Ganz richtig, in Johannes!)

> Wenn wir sagen, daß wir Gemeinschaft mit ihm haben, und wandeln in der Finsternis, lügen wir und tun nicht die Wahrheit ... Wer sagt, daß er in ihm bleibe, ist schuldig, selbst auch so zu wandeln, wie er gewandelt ist ... Wer sagt, daß er im Licht sei, und haßt seinen Bruder, ist in der Finsternis bis jetzt ... Jeder, der seinen Bruder haßt, ist ein Menschenmörder, und ihr wißt, daß kein Menschenmörder ewiges Leben bleibend in sich hat. (1. Johannes 1,6; 2,6+9; 3,15)

So viel also zur Rettung ohne ein radikal neues Leben bei Johannes!

Und dennoch sind viele Menschen verwirrt, wenn sie hören, daß sie sich von ihren Sünden abwenden müssen, um gerettet zu werden. „Bedeutet das nicht, daß die Rettung durch Werke kommt und nicht durch Gnade aus Glauben?" Nein, überhaupt nicht.

Buße ist ein Teil des Glaubensprozesses. Das bedeutet, sich dem Licht *zuzuwenden* und sich von der Finsternis *abzuwenden*. Es bedeutet eine Kehrtwendung, eine Umkehrung. Anstatt der Sünde nachzujagen, jagen Sie jetzt dem Heil nach. Und wenn Sie sich von Ihrer Sünde abwenden und Gott zuwenden, dann vergibt er Ihnen gerne. Er nimmt Ihre Sünden weg! Er erklärt Sie gerecht durch seinen Sohn. Er wäscht Sie rein und schenkt Ihnen eine neue Geburt. Sie sind dann nicht länger ein Gefangener des Teufels; Sie sind ein Kind des Königs.

Mein Freund, das ist Gnade, kein Verdienst! Es ist ein Geschenk, einfach und umsonst. Sie haben es überhaupt nicht verdient. Aber diese Vorstellung, daß jemand versklavt und gefangen, blind und gebunden, unbußfertig und unerneuert bleiben kann, und dennoch gerettet ist, treibt mit dem Blut Jesu Spott. Und sie treibt mit dem Johannes-Evangelium Spott. Und dennoch hat ein Professor des neutestamentlichen Griechisch genau dies in seinem sehr bekannten Buch gelehrt, das von einem der führenden christlichen Verlage herausgebracht worden ist. Ihm zufolge gibt es im Johannes-Evangelium

> kein Wort – keine Silbe – über Buße ... [Deshalb] kann nur absolute Blindheit dieser ganz offensichtlichen Schlußfolgerung widersprechen: *Johannes betrachtete Buße nicht als eine Bedingung für das ewige Leben* ... [Gott] hat es nicht *nötig* ... Buße einzusetzen, um Menschen zum rettenden Glauben an Jesus Christus zu führen.

Kann es sein, daß wir verschiedene Johannes-Evangelien lesen? Vielleicht haben wir unterschiedliche Definitionen von Buße. Nach diesem Autor

> [ist] der Aufruf zur Buße *weiter gefaßt* als der Aufruf zur ewigen Rettung. Er ist vielmehr ein Aufruf zur *Harmonie* zwischen dem Geschöpf und seinem Schöpfer, ein Aufruf zur *Gemeinschaft* von sündigen Männern und Frauen mit einem vergebenden Gott.

Wenn wir uns diese Tatsache stets vor Augen halten, werden wir niemals den Fehler begehen zu meinen, daß Buße die Bedingung für die ewige Rettung wäre.

An diesem Punkt wird das Ganze wirklich sehr seltsam. Nach dieser Definition von Buße können wir gerettet werden, ohne jemals in Harmonie und Gemeinschaft mit Gott zu kommen. Und was, bitte sagt mir doch, werden wir dann im Himmel tun? Eine Rebellion vom Zaun brechen? Oder vielleicht tun wir ja auf dem Weg nach oben Buße!

Es ist absolut unbiblisch zu denken, daß ein Mensch sein ganzes Leben in der Finsternis verbringen kann – vor und *nach* seiner „Bekehrung" – und er trotzdem, weil er an Jesus „glaubt", nach seinem Tod in das ewige Licht eintritt. Das ist nicht, was uns das Johannes-Evangelium lehrt. Nach Johannes sind es diejenigen, die glauben, die in das Licht kommen werden; alle, die in der Finsternis bleiben, sind immer noch verdammt. Buße bedeutet, in das Licht zu kommen – in Gedanken, Worten und Werken. Ein junger Chinese, der unter dem Dienst von Jonathan Goforth zum Glauben gekommen war, sagte: „Die Sünden meines Lebens müssen weichen, nachdem dieser Retter hineingekommen ist."[20]

Vielleicht geht der Schritt des Glaubens dem bewußten Schritt der Buße voran, aber dort, wo wahrer Glaube ist, folgt die Buße sicherlich nach. Die *Zeit* spielt dabei keine so entscheidende Rolle, noch ist die tatsächliche *Menge* der Sünden die Frage. Ein guter Baum muß gute Früchte bringen, und der wahrhaft rettende Glaube wird *immer* zu einem veränderten äußeren Leben führen. Er kann von der Buße nicht getrennt werden.

Manche Menschen haben ein Problem mit dieser Wahrheit. Ein gereifter christlicher Gelehrter – ein weithin angesehener Lehrer, der sogar seine eigene Studienbibel zusammenstellte – glaubt, beweisen zu können, daß es unbiblisch ist, von den Menschen zu erwarten, daß sie über alle ihre Sünden vollkommene Buße tun, um gerettet zu werden. (Übrigens, wenn jemand über alle seine Sünden völlig Buße tun *könnte*, dann würde er Jesus nicht mehr brauchen! Aber lassen Sie uns dennoch das Argument anhören.) Er gibt dafür ein Beispiel aus seinem eigenen Leben.

Als ihm einige Missionare sagten, die Sünder müßten die Herrschaft Jesu vollständig in ihrem Leben annehmen, um gerettet zu werden, fragte er sie: „Wie steht es mit dem Rauchen von Zigaretten? Kann jemand gerettet werden, der das Rauchen nicht aufgibt?" Widerstrebend antworteten diese Missionare, daß ein Mensch *nicht* gerettet werden kann, wenn er das Rauchen nicht aufgibt.

Aber dieses Argument ist ein zweischneidiges Schwert. Wenn wir zugestehen, daß jedes Kind Gottes von Zeit zu Zeit mit der vollständigen Unterordnung unter die Herrschaft Jesu zu kämpfen hat (wer von uns hat das nicht?), wo ziehen wir dann die Grenze? Wenn wir es nicht von Menschen erwarten können, ihre unreinen Gedanken abzulegen, um gerettet zu werden, vielleicht können sie dann ja auch weiterhin pornographisches Zeug lesen. Schließlich ist ja keiner vollkommen! Wenn sie also gerettet werden können, ohne ihre Pornographie aufzugeben, vielleicht können sie ja dann auch nach wie vor jede Woche mit einem anderen Partner Ehebruch begehen. Oder vielleicht müssen sie sich gar nicht von ihrer Homosexualität abwenden, oder es gar aufgeben, Kinder zu belästigen, oder darüber Buße tun, sadistische Massenmörder zu sein ... Schließlich ist ja keiner vollkommen! *Allein der Gedanke daran ist widerlich.*

Aber es hört hier noch nicht auf. Wenn es also unmöglich ist, genau zu bestimmen, was genau die völlige Hingabe unter die Herrschaft Jesu ist, vielleicht kann man dann ja *sowohl* an Jesus *als auch* an Götzen glauben. Warum ist die Sünde der Götzenanbetung schlimmer als andere Sünden? Warum nicht an Jesus *und* Krishna glauben? Was ist mit der Sünde des Unglaubens? Muß man nicht über *diese* Sünde Buße tun, um gerettet zu werden? Wenn der Sünder also über Götzenanbetung und Unglaube Buße tun muß, warum muß er dann nicht über seine anderen, ihm bewußten Sünden Buße tun?

Selbstverständlich fordert die Botschaft der Buße nicht von den Sündern, zuerst einen gewissen Grad der geistlichen Vollkommenheit erreicht zu haben, bevor sie gerettet werden können. Kein Gedanke! Aber, um es in den Worten von Dr. Edward N. Gross zu sagen, auch wenn eine Person Jesus nicht bewußt als Herrn annehmen muß, um gerettet zu werden, [so glaube] ich ebenso wenig, daß eine Person BEWUSST Jesus als Herrn ABLEHNEN und dennoch ein echter Christ sein kann. Viele haben sich wahrhaft bekehrt, ohne etwas über die Herrschaft Jesu zu wissen. Jedoch hat sich, meiner Meinung nach, noch niemand bekehrt, der bewußt und wissentlich der Herrschaft Jesu in seiner Seele widerstanden hat.

Trotzdem fährt Gross hier fort:

Und dennoch glaube ich ganz sicher, daß die Menschen WISSEN sollten, auf was sie sich einlassen, wenn sie zu Jesus kommen. Die Tatsache, daß sich Menschen bekehren können, ohne etwas über die Herrschaft Jesu zu wissen, sollte nicht unsere Evangelisationsmethode bestimmen. Der Heilige Geist wirkt auf geheimnisvolle Weise, bisweilen auch durch sehr geringe Kenntnisse der Schrift. Aber dies sind Ausnahmefälle. Und wir sollten es nicht zulassen, daß Ausnahmen unser Handeln bestimmen.[21]

Wenn Evangelisten und andere Seelengewinner den Sündern *von vornherein* die Wahrheit sagen würden, dann wäre die ganze Frage der „Nacharbeit" nicht so frustrierend, der Prozeß von Jüngerschaft wäre nicht so schrecklich, und die Pastoren würden nicht so viel ihrer Zeit darauf verwenden müssen, halb erneuerten Rebellen gerecht zu werden. (Oder sollten wir sie nicht lieber „semi-gerettet" nennen?) Wie wunderbar wäre es doch, wenn unsere modernen Evangelisationen tatsächlich greifbare Resultate eines wahrhaften Wirkens des Heiligen Geistes hervorbrächten, statt einer Vielzahl von „Entscheidungen", die auch jeder gute Vertreter hätte produzieren können. Mit der richtigen Musik, guter Koordination in der Gemeinde, sorgfältiger Vorabplanung und einem bekannten, überzeugenden Sprecher kann man sich leicht eine ehrliche, dem Zwanzigsten Jahrhundert angepaßte, made in USA, evangelistische Großveranstaltung zusammenbasteln. Aber wenn man nur einen einzigen Mann oder eine einzige Frau hat, die glühend heiß, Ewigkeits-gesinnt, Geist-gesalbt und völlig kompromißlos ist und die Wahrheit Gottes verkündet, dann kann es eine Erweckung geben. Oh, daß doch der Herr zu dieser Stunde solche Gefäße in unserem Land aufstehen ließe!

Jeder, der sich wahrhaft dem Sohn zuwendet, wird sich ganz unvermeidlich von der Sünde abwenden. Es ist durchaus biblisch, diese Botschaft gleich zu Beginn zu predigen: „Du kannst nicht zugleich den Retter und deine Sünde haben! Ist es nicht so – wenn du wirklich Jesus begegnet bist – in seiner ganzen Schönheit und Majestät und Gnade, dann wird sich dein Verlangen nach der Sünde zerstreuen und verlieren."

Ich kann das ganz persönlich bezeugen. Der Kampf um meine Seele begann 1971. Am 12. November jenen Jahres *glaubte* ich zum ersten Mal in meinem Leben, daß Jesus für mich gestorben war. Aber ich war noch nicht bereit, ihm mein Leben zu unterwerfen! Sechs Wochen lang kämpfte ich, war an einem Abend in der Gemeinde und setzte mir am folgenden Abend den nächsten Schuß Heroin. Aber dann, am 17. Dezember, als die Liebe Gottes mein dickköpfiges, stolzes Herz durchdrang, wurden diese tiefverwurzelten Festungen der Sünde in meinem Leben beinahe in einem Augenblick eingerissen. Ich war frei, dem Herrn zu dienen! Ja, das Licht hat die Finsternis überwunden, aber es war eine Frage von „entweder/oder". Licht und Finsternis können sich niemals verbinden.

Und das ist nun ganz sicher die Botschaft von Johannes. Jesus sagte:

> Ich bin das Licht der Welt; wer mir nachfolgt, wird nicht in der Finsternis wandeln, sondern wird das Licht des Lebens haben. (Johannes 8,12)

Und er lehrte auch:

> Denn jeder, der Arges tut, haßt das Licht und kommt nicht zu dem Licht, damit seine Werke nicht bloßgestellt werden; wer aber die Wahrheit tut, kommt zu dem Licht, damit seine Werke offenbar werden, daß sie in Gott gewirkt sind. (Johannes 3,20-21)

Laßt uns *alle* kühn zu dem Licht kommen, daß unsere Werke bloßgestellt und offenbar werden. Schließlich haben wir ja nichts zu verbergen. Oder etwa doch?

Wo ich Gott wirklich genieße, spüre ich, wie mein Verlangen nach ihm unersättlicher und mein Durst nach Heiligkeit unstillbarer wird. Oh dieser wonnevolle Schmerz. Er läßt meine Seele Gott suchen.

David Brainerd

Ich kenne keine glücklichere Zeit der vollkommenen Freude, als wenn ich am Fuß des Kreuzes über Sünde weine.

Charles H. Spurgeon

Wenn die Ursache beseitigt ist, werden auch die Auswirkungen verschwinden. Wenn die Quelle gereinigt ist, wird das Wasser geheilt und der dürre Boden fruchtbar werden.

Andrew Fuller

Wehre niemals der verschärften Empfindsamkeit gegenüber dem Heiligen Geist in dir, wenn er dich äußerst gewissenhaft erzieht. Verwirf niemals eine Überführung. Wenn ein Punkt wichtig genug für den Heiligen Geist ist, so daß er ihn dir vor Augen stellt, so legt er gerade dort den Finger darauf.

Oswald Chambers

Denn das Wort Gottes ist lebendig und wirksam und schärfer als jedes zweischneidige Schwert und durchdringt bis zur Scheidung von Seele und Geist, sowohl der Gelenke als auch des Markes, und ein Richter der Gedanken und Gesinnungen des Herzens; und kein Geschöpf ist vor ihm unsichtbar, sondern alles bloß und aufgedeckt vor den Augen dessen, mit dem wir es zu tun haben.

Hebräerbrief (4,12-13)

Ist nicht mein Wort brennend wie Feuer, spricht der HERR, und wie ein Hammer, der Felsen zerschmettert?

Jeremia (23,29)

Kapitel Sieben

Wenn der Heilige Geist kommt

1907 gab es eine mächtige Ausgießung des Geistes in Korea. Sie erfolgte nach Monaten des Gebets im Jahre 1906, und es war ein dramatischer Durchbruch. Die Gemeinden waren im Januar 1907 an das Ende einer Woche des gemeinsamen Gebets gekommen. Fünfzehnhundert erwartungsvolle Gläubige waren nun am Sonntag Abend in der Central Presbyterian Church versammelt, aber ...

> Der Himmel über ihnen schien aus Erz. Sollte es möglich sein, daß Gott ihnen die erbetene Ausgießung verweigern würde? Dann schreckten alle auf, als der Älteste Keel, der führende Mann der Gemeinde, aufstand und sagte: „Ich bin Achan. Gott kann nicht segnen wegen mir. Etwa vor einem Jahr rief mich ein Freund in sein Haus, als er starb und sagte: ‚Ältester, ich werde sterben; ich möchte, daß du dich um meine Angelegenheiten kümmerst, meine Frau ist dazu nicht in der Lage.' Und ich sagte zu ihm: ‚Laß dein Herz in Frieden ruhen. Ich werde es tun.' Und ich verwaltete die Güter dieser Witwe; dabei ließ ich aber einhundert Dollar ihres Geldes in meine eigene Tasche fließen. Ich habe Gott zurückgehalten, und ich werde die einhundert Dollar dieser Witwe morgen früh zurück geben."
>
> In diesem Moment waren die Barrieren gefallen und Gott, der Heilige, war gekommen. Überführung von Sünde fegte über die Versammlung. Der Gottesdienst hatte am Sonntag Abend um 19.00 Uhr begonnen und dauerte bis in die frühen Morgenstunden des Montag, etwa um 2.00 Uhr. Und dennoch standen Dutzende während der gesamten Zeit weinend da und warteten darauf, ihre Sünden zu bekennen. Tag um Tag versammelten sich nun die Gläu-

bigen, und es war jedes Mal offensichtlich, daß der Schmied mit läuterndem Feuer in seinem Tempel war (Jonathan Goforth).[22]

Und die Ergebnisse dieses anfänglichen Durchbruchs waren ebenso dramatisch. Der Heilige Geist fiel in Macht und der dämonische Widerstand fiel zusammen. Harte Herzen zerbrachen, Festungen der Sünde wurden niedergerissen, und der Name Jesu – nicht der eines Mannes, eines Dienstes oder einer Denomination – wurde erhoben. Wie sehr sich das doch von manchen unserer „Heilig Geist-Meetings" heute unterscheidet!

In der Vergangenheit waren solche Treffen unter der Kraft des Heiligen Geistes oft von der Furcht Gottes geprägt; heute sind sie zum größten Teil von sorgfältiger Organisation geprägt. Früher lag Überführung in der Luft; heute herrscht eine Jahrmarkts-Atmosphäre. Früher gab es bleibende Ergebnisse; heute gibt es nachhaltige Enttäuschungen. Wagen wir es, da noch zu sagen, daß dies derselbe Geist ist, der dieselben Werke tut?

In der Vergangenheit fielen die Menschen auf ihr Angesicht, wenn der Heilige Geist kam. Und wenn sie dann aufstanden, waren sie veränderte Menschen. Heute fallen sie regelmäßig auf den Rücken, und wenn ihnen dann auf die Füße geholfen wird, sind sie *unverändert*. (Dabei geht es hier überhaupt nicht darum, wie jemand fällt. Was in Ihrem Leben geschieht, ist, was zählt.) Was wir für übernatürlich halten, ist oft nur oberflächlich. Nach außen sieht es vielleicht begeisternswert aus, aber innerlich sind sie ganz leer. Ist das der Geist oder ist es nur eine Show?

Sie müssen sich daran erinnern, daß sich der Heilige Geist nicht verändert hat. Er ist immer noch heilig. Er überführt immer noch von Sünde. Er kommt immer noch, um Jesus zu verherrlichen. Seine Gegenwart ruft immer noch heilige Furcht hervor. Aber heutzutage, wo wir hier im Westen doch angeblich eine mächtige Flut des Heiligen Geistes erleben, wo uns gesagt wird, daß die Prophetie aus Joel über die Ausgießung der letzten Tage jetzt vor ihrer endgültigen Erfüllung steht, wo Prediger uns immer wieder versichern, daß sie nur so von Salbung triefen, da gibt es kaum ein Anzeichen von heiliger Furcht. Wie kann es sein, daß Gott uns so nahe ist, und daß *Überführung* doch so weit weg ist? Wie können wir solche Vertrautheit mit dem Heiligen für uns in Anspruch nehmen und doch gleichzeitig der Heiligkeit so fremd sein? Irgend etwas stimmt doch da nicht!

Wenn der Heilige Geist fällt, gibt es Überführung, Zerbruch und Bekenntnis. Er sichtet und sucht; er prüft und gräbt aus. (Richtig, er gräbt aus! Er holt unbekannte Sünden aus ihren Gräbern, die wir so bequem außer Sichtweite verscharrt haben.) Er forscht und fischt, er bohrt und gräbt. Nichts bleibt unverändert – zum Guten oder zum Schlechten.

Als Petrus – erfüllt mit dem Heiligen Geist und abgesondert für Gott – seine Botschaft von Buße und Gericht predigte, da riefen die Menschen: „Ihr Brüder, was sollen wir tun?" (Apostelgeschichte 2,37; A.T. Robertson erklärt, daß das selten gebrauchte griechische Wort für „ins Herz dringen", das in Apostelgeschichte 2,37 verwendet wird, eigentlich „durchbohren, schmerzhaft stechen, jemanden erschüttern, schlagen" bedeutet, so wie ein Pferd mit seinem Huf in den Boden Kerben schlägt und kratzt. „Die Predigt traf ins Schwarze. Sie konnten den Biß in Petrus' Worten spüren: Reue."[23]) *Wenn wir – gefüllt mit demselben Geist und abgesondert für den selben Gott – die selbe Botschaft der Buße, Warnung und Verheißung predigten, würden wir die selben Ergebnisse erzielen.*

Was selbst die Folter einem Menschen nicht entlocken kann, vermag die Gegenwart Gottes. Dr. Walter Philipps beschreibt eine Szene, die in den Erweckungen, die von Jonathan Goforth in China ausgelöst wurden, sehr weit verbreitet war:

Selbst die Luft schien geladen mit Elektrizität – ich spreche hier allen Ernstes – und seltsame Schauer jagten einem den Rücken hinauf und hinunter. Und dann begann ein Mann über all den Lärm des Schluchzens mit erstickter und gequälter Stimme, öffentlich seine Sünden zu bekennen. Meine Worte reichen nicht aus, die Ehrfurcht, den Schock und den Jammer dieser Bekenntnisse zu beschreiben. Es war nicht so sehr die Monstrosität der enthüllten Sünden oder die Tiefe der Verfehlungen, die offenbart wurde, die uns schockierte, es war die Qual der Büßenden, ihr Stöhnen und Schreien, ihre vom Schluchzen erschütterte Stimme. Es war der Anblick von Männern, die auf ihre Füße gezwungen wurden, und trotz ihrer Kämpfe scheinbar getrieben wurden, ihre Herzen offenzulegen, der uns bewegte und uns stechende Tränen in die Augen trieb. Ich habe nie zuvor etwas Herzzerreißenderes, Nervenaufreibenderes gesehen, als den Anblick dieser Seelen, so völlig entblößt vor ihren Genossen.[24]

Hier ist ein typisches Zeugnis aus der Erweckung in Korea von 1907:

Mr. Mackenzie, der Kriegskorrespondent, hatte einen Bediensteten, der ihn um eine Summe von weniger als vier Dollar betrogen hatte. Dieser Junge, als er unter Überführung geriet, legte mehr als achtzig Meilen zu Fuß zurück und ließ einen Missionar das Geld an Mr. Mackenzie zurückschicken (Goforth).[25]

Das ist die überführende Kraft des Geistes! Das geschieht, wenn Gott das Leben eines Menschen berührt. Er berührt sie durch das gesalbte Wort!
Dieser Augenzeugenbericht eines wahrhaft evangelistischen Gottesdienstes kommt aus dem seelengewinnenden Dienst von William Booth:

Reumütige Sünder kamen die Gänge des Kirchengebäudes herauf und waren derart überwältigt, daß sie kaum bis an die Abgrenzung des Altars gelangten. Väter und Söhne, Mütter und Töchter knieten unter Tränen Seite an Seite. [Sie müssen sich erinnern, das waren verlorene Sünder, die nach vorne kamen, um gerettet zu werden.] ... Der Prediger war wieder ernst, *furchterregend*, schmelzend, voller Pathos. Das Wort hatte Kraft.[26]

Die Frau von William Booth, Catherine, beschreibt einen anderen abendlichen Einsatz:

Innerhalb von wenigen Minuten war die Abgrenzung am Altar angefüllt mit großen, starken Männern, die laut um Gnade schrien, viele von ihnen, als hätten die Qualen der Hölle sie tatsächlich bereits ergriffen. Die Rufe und Schreie der Büßenden waren beinahe lauter als das Singen. Am Abend gab es einen Sturmwind der rettenden Gnade ... Der Gottesdienst konnte bis 3.00 Uhr morgens nicht beendet werden, und die Kirche war auch am nächsten Tag geöffnet.[27]

Oder denken Sie an die große Ausgießung, die am 23. Juli 1839 in Kilsyth in Schottland während einer Predigt von William C. Burns stattfand. Unter einer überwältigenden Salbung aus der Höhe flehte er die Unbekehrten an, die Gnade Gottes *in eben diesem Moment* zu empfangen, und, so sagt er:

Ich fuhr damit fort, bis die Kraft des Geistes Gottes so mächtig auf ihrer Seele lastete, daß sie alles mit sich davon riß, wie „das Brausen eines gewaltigen Windes" an Pfingsten.

Alle zusammen brachen sie in lautes Weinen und Klagen aus, in Tränen und Seufzen, gemischt mit den Freudenschreien und Lobpreis einiger aus dem Volk Gottes. Die Erscheinung des größten Teils der Menge, so wie ich sie von der Kanzel sehen konnte, gab mir ein erschreckend lebhaftes Bild, in welchem Zustand sich die nicht Geretteten bei dem kommenden Gericht Christi wiederfinden werden. Manche schrien in ihrer Qual; andere – darunter starke Männer – fielen wie tot zu Boden. Dies war der morgendliche Gottesdienst, der aber bis drei Uhr nachmittags andauerte. Die Menschen wurden nur mit der Ankündigung entlassen, daß die Fortführung um sechs Uhr Abends stattfinden würde. Die allgemeine Bewegung war derart, daß ich, nachdem ich die freieste und dringlichste Einladung des Herrn an die Sünder wiederholt hatte (wie in Jesaja 55,1 und Offenbarung 22,17), genötigt war, einen Psalm zu lesen, in den alsbald eine erhebliche Zahl einstimmte; dabei vermischten sich unsere Stimmen mit *dem seufzenden Stöhnen der vielen Gefangenen, die nach Befreiung schrien.*[28]

Welch ein Bild für den Dienst des Heiligen Geistes: Sorglose Sünder und getäuschte Gläubige erkennen mit einem Mal die drückende Last ihrer Sünden. Ihr ganzes Weltbild gerät dabei aus den Fugen. Ihre Selbstgerechtigkeit zerschellt am Boden. Ihre hohlen Ausflüchte lösen sich in Nichts auf. Sie stehen schuldig vor einem all-heiligen Richter. Die Bürde wird unerträglich. „Sei mir gnädig!" schreien sie. Dann werden ihre Seelen von Gnade überflutet und sie sind *frei.* Wirklich frei!

Darauf muß eine radikale Veränderung erfolgen. Es ist unausweichlich.

Ein Mann, der eine Frau und einen Sohn in We Ju (Korea) hatte, verließ sie und wurde in einer anderen Stadt reich. Dort heiratete er eine andere Frau und hatte mit ihr zwei Töchter. Als seine Seele erweckt wurde, sorgte er für den Unterhalt dieser Frau und ihrer Töchter und versöhnte sich mit seiner rechtmäßigen Frau (Goforth).[29]

Der Heilige Geist bringt solch greifbare Ergebnisse hervor!

Als Goforth dieses Beispiel 1936 bei einem Gottesdienst in Ontario, Kanada erzählte, fügte er noch einen treffenden Kommentar hinzu: „*Wenn diese koreanische Art der Erweckung jemals in einige der christlichen Länder gelangen sollte, wo Scheidung vorherrscht, dann wird es einige erschreckende soziale Umbrüche geben.*"[30] Es schwindelt einen beinahe bei dem Gedanken an die sozialen Umbrüche, die von einer wahrhaften „Erweckung des Heiligen Geistes" im heutigen, von Scheidung geplagten Westen ausgelöst würden! Und bei einer solch himmelhohen Scheidungsrate *in der Gemeinde*, wie können wir da zu dieser Stunde Anspruch auf irgend eine tiefgreifende Heimsuchung des Geistes erheben?

Wenn der Heilige Gott in heiliger Kraft inmitten seines Volkes erscheint, so beginnt er sein Werk, indem er sie heiligt. Aber unsere typischen Versammlungen – reich im Fleisch und überfließend in Sünde – weisen wenig Anzeichen für die bleibende Gegenwart des Heiligen Geistes auf, ganz egal was wir behaupten.

Heute zieht der Prediger im Verlauf eines sogenannten supergesalbten Meetings seine Show ab und stolziert herum; er bettelt um Geld im Namen Jesu oder gebraucht sonst raffinierte geistliche Manipulation, um seinen „Dienst" weiter finanzieren zu können; Zeugnisse werden zur Ehre der Menschen gegeben; und die meisten der Anwesenden, aufgeputscht durch ein hochmotiviertes „Anbetungs-Team" und aufgepumpt durch die Botschaft, verlassen den Gottesdienst *genau so, wie sie gekommen sind*. Nur ihre Seelen sind aufgeblasen worden. Das Fleisch giert immer noch nach Sünde und der Geist dürstet immer noch nach Sättigung. Überführung, Veränderung, neue Hingabe und frische Entscheidungen werden dabei nur selten gesehen.

In der Vergangenheit kamen die Gläubigen in Zeiten der Erweckung frühzeitig zur Gemeinde und wurden verzehrt. Heute kommen wir gewöhnlich zu spät und sind gleichgültig. Sie tanzten vor Freude; und wir tanzen hauptsächlich zum Takt. Sie sahen viel und sagten wenig; wir sehen wenig und sagen viel. Sie waren voller Geist-Vertrauen; wir sind voller Selbst-Vertrauen. Sie wurden für ihr Leben in Heiligkeit respektiert; wir werden für unsere Skandale verspottet. Sie machten ihre Gesellschaft christlich; unsere Gesellschaft hat uns fleischlich gemacht. Sie waren Evangelisten; wir sind Unternehmer. Sie erzählten spannende Geschichten von Opfern; wir besuchen ausschweifende Seminare über Erfolg. Sind wir wirklich mit dem selben Geist *erfüllt*, mit dem sie erfüllt waren?

Goforth erzählt, wie eine Gemeinde im neuen Missionszentrum von Shan Chun, Korea, im Jahr 1907 erstaunliches Wachstum erlebte. Obwohl sie sich in diesem Jahr in fünf verschiedene Gemeinden aufteilte, wuchs ihre eigene Mitgliederzahl von 870 auf 1445.

In keiner der Straßen, die von dieser Gemeinde wegführten, war auch nur eine einzige unbekehrte Familie übriggeblieben; sie waren alle Christen geworden. Nachdem man ja nun in unseren christlichen Ländern sagt: „Je näher die Kirch', desto weiter die Gnade", wie will man da begründen, daß es in der Nähe dieser koreanischen Gemeinde keine unbekehrten Familien mehr gab? Ich kann das nur durch die Tatsache begründen, daß sie Gott, den Heiligen Geist, ehren, und daß sie dadurch ein derart mächtiges Leben als Christen führen, daß alle um sie herum überführt werden von Sünde, Gerechtigkeit und Gericht.

Welche Art von Hingabe brachte dieses Christentum unter den Pastoren hervor?

Nachdem sie die entlegenen Inseln Koreas evangelisiert hatten, richteten sie ihren Blick auf die Länder darüber hinaus. Auf der Versammlung der Presbyterianischen Kirche, die vor ein paar Jahren in Seoul abgehalten wurde, beschlossen sie, Missionare nach Shantung in China zu senden. Als sie die Freiwilligen riefen, erhob sich die ganze Versammlung und meldete sich freiwillig, und vier wurden ausgewählt. Alle schienen die Ausgewählten zu beneiden. Solches war noch nie zuvor bei einer nationalen Versammlung gesehen worden ... Das Allertraurigste dabei ist dies, daß der allmächtige Geist ebenso bereit ist, Jesus Christus das Ergebnis der Leiden seiner Seele auch in Amerika oder in Kanada sehen zu lassen, wie auch in Korea, nur findet er hier nicht die hingegebenen Gefäße.[31]

Im Lichte dessen, was der Heilige Geist in der Vergangenheit bereits getan hat – und was er heute noch tun möchte – bleibt nur noch eine Frage offen: Wird er ein hingegebenes Gefäß in Ihnen finden?

Wer barmherzig gegen die Sünde ist, ist grausam gegen seine eigene Seele.

Ralph Venning

Jesus Christus kam, um die großen Gesetze Gottes im menschlichen Leben Fleisch werden zu lassen, das ist das Wunder der Gnade Gottes. Wir sollen lebendige Briefe sein, „offenbart und gelesen von allen Menschen". Es gibt im Neuen Testament rein gar keine Zugeständnisse an denjenigen, der behauptet, aus Gnade errettet zu sein, der aber nicht die Früchte der Gnade hervorbringt. Durch seine Erlösung läßt Jesus Christus unser praktisches Leben mit unserem Glaubensbekenntnis übereinstimmen.

Oswald Chambers

Billige Gnade ist Gnade ohne Jüngerschaft, Gnade ohne das Kreuz, Gnade ohne Jesus Christus, lebendig und leibhaftig. Kostbare Gnade ist der im Acker verborgene Schatz. Dafür wird ein Mensch bereitwillig hingehen und alles verkaufen, was er hat. Sie ist die kostbare Perle, um derentwillen ein Händler seine gesamte Habe verkauft. Sie ist die Königsherrschaft Christi, für die ein Mann sein rechtes Auge ausreißen wird, wenn es ihm Anlaß zur Sünde gibt. Sie ist der Ruf Jesu Christi, auf den hin ein Jünger sein Netz verläßt und ihm nachfolgt.

Dietrich Bonhoeffer

Sie heilen den Bruch meines Volkes oberflächlich und sagen: „Alles in Ordnung! Alles in Ordnung!" – wo doch nichts in Ordnung ist.

Jeremia (6,14; Übersetzung Michael Brown)

Kapitel Acht

Falsche Gnade

Heutzutage gibt es eine Botschaft, die wie ein Wirbelwind durch den Leib Jesu fegt. Bekannte Pastoren lehren sie; Autoren weit verbreiteter Bücher treten ein für sie; führende Theologen verteidigen sie; *und der Apostel Paulus warnte uns vor ihr* – an drei verschiedenen Stellen.

Er schrieb an die Korinther: „Laßt euch nicht irreführen" (1. Korinther 6,9; Luther 1984). An die Galater schrieb er: „Ich warne euch, wie ich es schon früher getan habe" (Galater 5,21b; Bibel in heutigem Deutsch 1984). Den Ephesern schrieb er: „Niemand verführe euch mit leeren Worten! Denn dieser Dinge wegen kommt der Zorn Gottes über die Söhne des Ungehorsams" (Epheser 5,6).

Was war nun diese große Verführung? Gegen welche Irrlehre kämpfte der Apostel Paulus mit solch starken Worten und solch eindringlichen Appellen? Es war die Lehre, die besagt: Da du schließlich nichts getan hast, um deine Rettung zu verdienen, kannst du auch nichts tun, weswegen du sie verlieren könntest. Ganz egal, wie du lebst, ganz egal, was du tust oder nicht, ganz egal, wie weit du dich von Gott entfernst, wenn du gerettet bist, bist du gerettet. Sonst wäre Gnade ja nicht Gnade!

Aber nach einem biblischen Maßstab ist das überhaupt keine Gnade. Das ist eine falsche Gnade, und sie bringt das hervor, was manche schon als falsche Bekehrungen bezeichnet haben. Auch Judas schlug dabei Alarm und warnte die Heiligen mit äußerst klaren Worten:

Denn gewisse Menschen haben sich heimlich eingeschlichen, die längst zu diesem Gericht vorher aufgezeichnet sind, Gottlose, *welche die Gnade unseres Gottes in Aus-*

schweifung verkehren und den alleinigen Gebieter und unseren Herrn Jesus Christus verleugnen. (Judas 4)

Selbstverständlich sind die meisten, die heute die Botschaft der falschen Gnade lehren, nicht „Gottlose", die „längst zu diesem Gericht aufgezeichnet sind", obwohl es ganz zweifelsohne auch Scharlatane und Betrüger unter ihnen gibt, die in unsere Reihen eingedrungen sind und der Herde Gottes das Fell über die Ohren gezogen haben. Wehe ihnen an jenem Tag! Mögen sie lieber jetzt noch entlarvt werden, während es noch Zeit zur Buße und Umkehr gibt, damit sie ihr Leben in Ordnung bringen können.

Solche Menschen – hinterhältige Raubtiere, die herumstolzieren wie treue Propheten – sind aber eher die Ausnahme denn die Regel. Statt dessen haben fähige Männer und Frauen, Diener, die auf vielfältige Weise den Dingen des Herrn ganz hingegeben sind, christliche Leiter, die den Herrn wirklich lieben, diese Lehre in den Leib Jesu hereingebracht, und haben dabei noch gedacht, daß sie den Herrn verherrlicht und die Heiligen befreit. Das tut sie aber nicht! Sie steht in krassem Gegensatz zur Schrift und sie verschmutzt und pervertiert sogar bisweilen die wahre Bedeutung des Wortes, und alles im Namen der Gnade. Auch wenn diese Prediger die Christen drängen, ein heiliges Leben zu führen (es ist nicht so, daß sie ganz offen Sünde billigen würden!), so öffnet ihre Lehre doch eine weite Tür für falsche Sicherheiten und ein loses Leben.

Sehen Sie sich noch einmal an, was der Apostel Paulus schreibt:

> Oder wißt ihr nicht, daß die Ungerechten das Reich Gottes nicht ererben werden? *Laßt euch nicht irreführen!* [Das bedeutet, daß der Feind es versuchen wird, uns irrezuführen! Aber, wie jemand es einmal ausgedrückt hat, wenn man vorgewarnt ist, ist man vorgewappnet.] Weder Unzüchtige noch Götzendiener, Ehebrecher, Lustknaben, Knabenschänder, Diebe, Geizige, Trunkenbolde, Lästerer oder Räuber werden das Reich Gottes ererben. (1. Korinther 6,9-10; Luther 1984)

Gibt es irgend etwas, das klarer sein könnte? Wer weiterhin sein böses Leben führt, wird das Reich Gottes nicht ererben. Und dabei geht es hier nicht einfach darum, „in den Himmel zu kommen, und nur seine Belohnung zu verlieren", wie es viele versucht haben zu lehren. Nein! Die *Bösen* werden eben nicht in den *Himmel* kommen. Sie haben keine Belohnung, die sie verlieren könnten. Der bekennende Gläubige, der ein böses Leben führt, wird ebenfalls nicht in den Himmel kommen. Er wird das Reich Gottes nicht erben.

Paulus gebraucht die gleichen Worte – „das Reich Gottes erben" – wenn er von dem gesegneten Moment spricht, der die Heiligen erwartet:

> Dies aber sage ich, Brüder, daß Fleisch und Blut das Reich Gottes nicht erben können, auch die Vergänglichkeit nicht die Unvergänglichkeit erbt. Siehe, ich sage euch ein Geheimnis: Wir werden nicht alle entschlafen, wir werden aber alle verwandelt werden. (1. Korinther 15,50-51)

Und das ist es, was es bedeutet, das Reich Gottes zu erben! Es bedeutet, verwandelt zu werden. Das Vergängliche wird sich in Unvergänglichkeit kleiden und das Sterbliche in Unsterblichkeit. Aber die Bösen werden nicht verwandelt werden. Sie werden das Reich Gottes *nicht* erben. Mit anderen Worten, sie werden nicht gerettet!

> Wer überwindet, wird dies erben [d. h. das neue Jerusalem, erfüllt von der Gegenwart Gottes, und die Quelle des Wassers des Lebens], und ich werde ihm Gott sein, und er wird mir Sohn sein. Aber den Feigen und Ungläubigen und mit Greueln Befleckten und Mördern und Unzüchtigen und Zauberern und Götzendienern und allen Lügnern ist ihr Teil in dem See, der mit Feuer und Schwefel brennt. Das ist der zweite Tod. (Offenbarung 21,7-8)

Und da ist es doch erstaunlich, daß einer der einflußreichsten Prediger in England, der bereits an anderer Stelle in diesem Buch zitiert wurde, folgendermaßen argumentiert:

Die Warnungen des Paulus, die sich auf das Reich Gottes beziehen, haben nicht im Entferntesten etwas mit der Frage der Errettung zu tun, sondern vielmehr mit der *bewußten Gegenwart Gottes* ... Somit standen diese Christen [die Paulus hier warnte] nicht in der Gefahr, ihre Rettung, sondern vielmehr ihr Erbteil im Reich Gottes zu verwirken.

Aber dennoch ist es töricht, behaupten zu wollen, die Sünde eines „christlichen" Götzendieners oder Ehebrechers würde ihn von der Gegenwart Gottes im *Hier und Jetzt* ausschließen, aber keinerlei Auswirkungen darauf haben, ob er dieselbe heilige Gegenwart – sogar noch direkter! – in der Ewigkeit genießen kann. Nein. Weil die Bösen jetzt in der Gegenwart Gottes nicht heimisch sind, werden sie später auch aus seinem Reich ausgeschlossen bleiben. Bischof J. C. Ryle erklärte es einmal so:

Wir müssen Heilige sein, bevor wir sterben, wenn wir später Heilige in der Herrlichkeit sein wollen.[32]

„Aber", so werden manche fragen, „wer sind wir denn, daß wir darüber richten könnten, welche Sünden jemanden aus dem Reich Gottes ausschließen werden? Wer sind wir, daß wir darüber richten könnten, wer böse ist und wer nicht? Wir haben doch nicht das Recht, so etwas zu tun." Natürlich haben wir das! In Wirklichkeit sagt das Wort Gottes sogar nicht nur, daß wir das Recht haben zu richten, sondern es sagt, daß wir das tun *müssen*. Es gibt da einen ungeheuren Unterschied, ob wir uns eine eigene Meinung über einen anderen Gläubigen bilden (und uns so zum Richter aufschwingen) oder ob wir ihr Leben an der Richtschnur der Schrift messen (d. h. sie gemäß dem Wort zu richten):

Ich schreibe euch darum jetzt ausdrücklich: Ihr sollt mit keinem Umgang haben, der sich Bruder nennt und trotzdem Unzucht treibt oder am Geld hängt oder Götzen verehrt, der ein Verleumder, Trinker oder Räuber ist. Mit solch einem sollt ihr auch nicht zusammen essen. (1. Korinther 5,11; Bibel in heutigem Deutsch)

Solche Menschen werden aus der zukünftigen Welt ausgeschlossen sein, und deshalb sollten wir es ihnen auch nicht in unseren lokalen Gemeinden gemütlich machen. Wenn sie behaupten, gerettet zu sein, sich aber weigern, Buße zu tun und gemäß den Mindestanforderungen eines geheiligten Lebens zu leben, nachdem sie auf biblische Weise zurecht gewiesen wurden (Galater 6,1; Matthäus 18), dann sollen wir *sie aus dem Leib ausschließen.*

Hören Sie noch einmal auf Paulus:

> Denn was habe ich zu richten, die draußen sind? Richtet ihr nicht, die drinnen sind? Die aber draußen sind, richtet Gott. Tut den Bösen von euch selbst hinaus! (1. Korinther 5,11-12, wo er aus 5. Mose 17,7; 19,19; 21,21; 24,7 zitiert).

> Doch der feste Grund Gottes steht und hat dieses Siegel: Der Herr kennt, die sein sind; und: Jeder, der den Namen des Herrn nennt, stehe ab von Ungerechtigkeit! (2. Timotheus 2,19)

Es wird vom Volk Gottes erwartet, daß ihr Lebensstil sich derart von der Welt unterscheidet, daß schwere Sünder unverkennbar hervortreten. (So sollte es wenigstens geschehen! Heute ist es jedoch so, daß manch schwerer Sünder, anstatt unverkennbar hervorzutreten, kühn an die Kanzel tritt.) Unser Erbe als Heilige ist im „Reich des Lichts" (Kolosser 1,12).

> Denn welche Verbindung haben Gerechtigkeit und Gesetzlosigkeit? Oder welche Gemeinschaft Licht mit Finsternis? (2. Korinther 6,14)

Wir müssen „aus ihrer Mitte hinaus [gehen] und [uns ab]sonder[n]" (2. Korinther 6,17). Und wenn sie unter uns sind und sich selbst Kinder Gottes nennen und dabei doch ein heuchlerisches und unbußfertiges Leben führen, dann müssen wir *sie* ausschließen!

„Aber", wird gewiß jemand einwenden, „was ist mit der Gnade?" Genau! Eben das ist der springende Punkt für Paulus.

Was ist mit der Gnade? Wo ist der Beweis der Gnade? Die Gnade Gottes kann unmöglich im Herzen von jemandem wirken, der sich letzten Endes weigert, umzukehren. Bestimmt nicht. *Die Gnade Gottes bewirkt immer etwas.*

Und sie ist auch nicht nur „unverdiente Gunst", auch wenn alles, was wir von Gott empfangen, allein das Verdienst Jesu ist. „Die Reichtümer Gottes auf Kosten Jesu"[33] gehen über jede Sündenvergebung hinaus. *Die Gnade Gottes bedeutet eine Kraft der Veränderung.* Sie bedeutet seinen heiligen Einfluß in unserem Herzen. Sie ist das Werk des Geistes, das alle anderen Einflüsse außer Kraft setzt, um uns Jesus ähnlicher zu machen, Kriminelle bekehrt, Sünder heiligt, Trunkenbolde befreit und Rebellen erneuert. So wunderbar ist die Gnade unseres Gottes!

> Denn wenn wir, als wir Feinde waren, mit Gott versöhnt wurden durch den Tod seines Sohnes, so werden wir viel mehr, da wir versöhnt sind, durch sein Leben gerettet werden. (Römer 5,10)

Die Gnade, die uns von Sünde gerettet hat, die uns durch den Tod Jesu reinigte, als wir es überhaupt nicht wert waren, ist die selbe Gnade, die uns von der Sünde abhalten wird und uns fähig macht, durch das Leben Jesu im Sieg zu leben, nachdem er uns würdig gemacht hat. Das ist die Macht der Gnade. Unser Lebensmuster ist jetzt siegreich.

> Denn die Sünde wird nicht über euch herrschen, denn ihr seid nicht unter Gesetz, sondern unter Gnade. (Römer 6,14)

Das Gesetz hat Ihnen gesagt, was Sie zu tun und zu lassen haben, ohne Ihnen die Fähigkeit zum Gehorsam zu geben. Gnade verändert Ihren inneren Menschen, so daß Sie übernatürlich gehorchen. Das Gesetz ist in Ihr Herz geschrieben. Sie tun Seinen Willen gerne. Das ist die Gnade Gottes!

So erklärte John Wesley den Unterschied zwischen seinem einstigen „religiösen" Zustand und seiner Erfahrung der Wiedergeburt:

Ich mühte mich, ja, ich kämpfte mit all meiner Kraft unter dem Gesetz, in gleicher Weise wie unter Gnade. Aber damals war ich bisweilen, wenn nicht oft, überwunden; nun war ich stets Überwinder.[34]

Wir haben an Gottes siegreicher Gnade teil.

Denn wie durch den Ungehorsam des einen Menschen [Adam] die Vielen zu Sündern geworden sind, so werden auch durch den Gehorsam des Einen [Jesus!] die Vielen zu Gerechten. (Römer 5,19; Luther 1984)

Sehen Sie sich diesen herrlichen Vers genau an: „die Vielen" werden nicht nur Sünder genannt; die Sünde Adams wurde ihnen nicht nur zur Last gelegt. Paulus sagt, sie sind *zu Sündern geworden*. Das wurden sie – und wir: Sünder! Aber Gott sei Dank für seine unvergleichliche Gnade, durch den Gehorsam Jesu Christi sind wir jetzt gerecht gemacht worden! Unser innerstes Wesen ist verändert worden. Wir sind nicht mehr, wer wir einmal waren, wirklich und wahrhaftig. Die Gnade Gottes ist gekommen, und sie wird jetzt „herrsche[n] durch die Gerechtigkeit zum ewigen Leben durch Jesus Christus, unseren Herrn" (Römer 5,21; Luther 1984).

Und dennoch wird Paulus von manchen Menschen mißverstanden. Sie denken, er hätte gesagt: „Denn die Sünde wird euch nicht *verdammen*, denn ihr seid nicht unter Gesetz, sondern unter Gnade." Mit anderen Worten, was auch immer Sie tun, es gibt keine Verdammnis, weil sie unter der unverdienten Gunst Gottes stehen. Aber das ist nicht, was er hier sagt, und schon gar nicht, was er hier meint. Nein. Er sagt: „Denn die Sünde wird nicht über euch *herrschen*, denn ihr seid nicht unter Gesetz, sondern unter Gnade" (Römer 6,14). Der Grund, warum es „keine Verdammnis [gibt] für die, die in Christus Jesus sind" (Römer 8,1), ist schlich und ergreifend der, daß „das Gesetz des Geistes des Lebens in Christus Jesus ... dich frei gemacht [hat] von dem Gesetz der Sünde und des Todes" (Römer 8,2).

Der Tod Jesu hat uns frei gemacht! Herrlich frei! Frei vom Gesetz der Sünde und des Todes! Frei, Knecht der Gerechtigkeit zu sein! Frei, im Geist zu wandeln und zu leben! Frei, uns Gott unterzuordnen! Das ist die Botschaft der Gnade.

Schließlich ist falsche Gnade billige Gnade, nicht weil sie Jesus weniger *gekostet* hätte (in diesem Sinne gibt es gar keine „billige Gnade"), sondern weil sie weniger *bewirkt*. Sie versiegelt, ohne zu heiligen, sie erlöst, ohne zu erneuern, sie schreibt den Namen des Sünders in das Buch des Lebens des Lammes, während er weiter im Tode lebt. (Erinnern Sie sich daran: „die Gesinnung des Fleisches ist Tod ..." [Römer 8,6].) Das ist nicht biblische Gnade!

Selbstverständlich fürchten sich auch viele aufrichtige Bibellehrer davor, in Gesetzlichkeit zu verfallen, was auch wirklich die Gefahr ist, wenn man einen äußerlichen Standard der Heiligkeit aufrichtet und dann die Menschen aufruft, diesen in der Kraft des Fleisches zu erreichen. Und bedenken Sie dennoch: Paulus schrieb gerade den Galatern, Heidenchristen, die in die Falle getappt waren, versuchen zu wollen, durch die Werke des Gesetzes gerechtfertigt zu werden, die folgenden Worte:

> Offenbar aber sind die Werke des Fleisches; es sind: Unzucht, Unreinheit, Ausschweifung, Götzendienst, Zauberei, Feindschaften, Hader, Eifersucht, Zornausbrüche, Selbstsüchteleien, Zwistigkeiten, Parteiungen, Neidereien, Trinkgelage, Völlereien und dergleichen. Von diesen sage ich euch im voraus, so wie ich vorher sagte, daß die, die so etwas tun, das Reich Gottes nicht erben werden. (Galater 5,19-21)

Wenn man die Gläubigen aufruft, ein heiliges Leben zu führen, sich gottgefällig zu verhalten und ihr Herz rein zu halten, dann ist das keine Gesetzlichkeit! Dafür ist die Gnade Gottes da; und so wird uns seine Gnade immer anweisen zu leben.

> Denn die Gnade Gottes ist erschienen, heilbringend allen Menschen, und unterweist uns, damit wir die Gottlosigkeit und die weltlichen Begierden verleugnen und besonnen und gerecht und gottesfürchtig leben in dem jetzigen Zeitlauf. (Titus 2,11-12)

So viele Leiter im Leib Jesu heute behaupten, daß diejenigen Gnade nicht verstehen, die Buße predigen und die Betonung auf biblische Standards der Heiligkeit legen. (Ein erfolgreicher Pastor nannte solche Bußprediger sogar „krank"!) Diese Lehrer erklären steif und fest, daß die wahre Botschaft der Gnade jeden ausdrücklichen Tadel der Sünde ausschließt. Für sie kommt der Perverse, dem vergeben wurde – der sich aber nie von seiner Perversion abgewandt hat – in den Himmel; und der Kindermörder, der ein Übergabegebet spricht, ist gerettet, selbst während er seiner menschlichen Beute auflauert. Das ist keine Gnade; das ist eine perfide Perversion.

Begehen Sie keinen Irrtum. *Sünde kann Sie aus dem Reich Gottes ausschließen – in dieser Welt und in der kommenden.* Das Wort ist hier vollkommen eindeutig:

> Wir wissen, daß wir aus dem Tod in das Leben hinübergegangen sind, weil wir die Brüder lieben; wer nicht liebt, bleibt im Tod. Jeder, der seinen Bruder haßt, ist ein Menschenmörder, *und ihr wißt, daß kein Menschenmörder ewiges Leben bleibend in sich hat.* (1. Johannes 3,14-15)

> Und wenn deine Hand dir Anlaß zur Sünde gibt, so hau sie ab! Es ist besser für dich, als Krüppel *in das Leben hineinzugehen*, als mit zwei Händen *in die Hölle zu kommen*, in das unauslöschliche Feuer. (Markus 9,43)

Wenn Sie willentlich in der Sünde verharren, in unbeugsamem Ungehorsam gegen Ihren Schöpfer, dann könnte Sie das Ihr ewiges Leben kosten und Ihnen einen Platz in der Hölle sichern. Der Sünde Sold ist immer noch der Tod (Römer 6,23)!

> Ich bin mir ziemlich sicher, daß die Wurzel von neun Zehntel der Irrlehren, die jemals die christliche Gemeinde befallen haben und die der Grund für die Schwäche von so großen Teilen des verbreiteten Christentums sind, in keiner anderen Tatsache zu suchen ist, als dem Versagen, die allgemeine Gültigkeit und Verbreitung, sowie die schwerwiegende Bedeutung von Sünde angemessen zu erkennen.

Wenn dir ein Wort kommt und sich als Botschaft Gottes ausgibt, und es beginnt nicht mit der Sünde der Menschen, noch stellt es die Art und Weise, wie die Vorherrschaft dieser Sünde in deinem eigenen Herzen gebrochen werden kann, in das Zentrum seiner Aussage, und wie die Strafe für diese Sünde in deinem gegenwärtigen und zukünftigen Leben weggewaschen werden kann, dann ist dieses Wort bereits verurteilt – „ipso facto" (allein durch diese Tatsache) – als nicht von Gott stammend, noch für Menschen geeignet (Alexander Maclaren).[35]

Lassen Sie mich einige klare Worte an diejenigen richten, welche die Lüge der falschen Gnade bislang geschluckt haben, die irgendwie geglaubt hatten, „abgedeckt" zu sein, egal, was sie taten. Hören Sie mir genau zu. (Vielmehr, hören Sie auf das, was das *Wort Gottes* ganz deutlich sagt.) Wenn Sie in willentlichem Ungehorsam gegen Gott wandeln, wenn das grundlegende und vorherrschende Muster Ihres Lebens (nicht die Ausnahme, sondern die Regel; nicht ein momentaner Ausrutscher, sondern Ihr ureigenster Lebensstil) mit einem beliebigen der Werke der sündigen Natur des Menschen beschrieben werden kann, die Paulus im ersten Korintherbrief, im Brief an die Galater oder die Epheser aufzählt, dann müssen Sie Ihre *Rettung hinterfragen*.

Wachen Sie auf! Bringen Sie Ihr Leben mit Gott in Ordnung! Kehren Sie jetzt um zu ihm, während er Sie noch ruft. Empfangen Sie Vergebung und Gnade. Lassen Sie sich in Ihrem Geist und Ihrem Sinn erneuern. Legen Sie den alten Menschen und seine Wege ab. Wandeln Sie im Heiligen Geist. Er wird Ihnen die Kraft geben!

Die aber dem Christus Jesus angehören, haben das Fleisch samt den Leidenschaften und Begierden gekreuzigt. (Galater 5,24)

Ich flehe Sie an im Namen Jesu: *Hören Sie nicht auf die, welche Sie in die Irre führen*. Es ist eine Sache zu sagen, wenn jemand wahrhaft gerettet ist, wird er bis zum Ende in Heiligkeit ausharren. Mit anderen Worten, wenn er fällt, dann wird es nur ein vorübergehender Fall sein. Er wird seine Erwählung dokumentieren, indem er erneut aufsteht und mit dem Herrn weitergeht. (Ob diese spezielle Lehre – das sogenannte Ausharren der Heiligen – in der Bibel gelehrt wird oder nicht, sie hat zumindest den folgenden Verdienst: Sie verbreitet keine falsche Sicherheit für verhärtete Abgefallene.) Und es ist eine völlig andere Sache – es ist sogar richtiggehend kriminell – diejenigen, die geradewegs auf die Hölle zugehen, mit einer hohlen Verheißung von Gnade zu trösten.

> [Euch] hat er aber nun versöhnt in dem Leib seines Fleisches durch den Tod, um euch heilig und tadellos und unsträflich vor sich hinzustellen, *sofern ihr im Glauben gegründet und fest bleibt und euch nicht abbringen laßt von der Hoffnung des Evangeliums* ... (Kolosser 1,22-23)

> Denn wir sind Teilhaber des Christus geworden, *wenn wir die anfängliche Zuversicht bis zum Ende standhaft festhalten.* (Hebräer 3,14)

Der Apostel schlägt hier Alarm:

> Denn dies sollt ihr wissen und erkennen, daß kein Unzüchtiger oder Unreiner oder Habsüchtiger – er ist ein Götzendiener – ein Erbteil hat in dem Reich Christi und Gottes. *Niemand verführe euch mit leeren Worten* ... (Epheser 5,5-6)

Leere Worte! So wie diese eines besorgten Lehrers:

> [Es gibt überhaupt gar nichts, was ich] zu der Erneuerung beitragen kann, wenn ich sie einmal erfahren habe. Durch dieses erstaunliche Wunder bin ich als Kind Gottes bestätigt. Und selbst wenn ich die Entscheidung treffen sollte, gar nicht mehr sein Kind sein zu wollen, würde es mir nichts nützen. Meine geistliche Geburt, ebenso wie meine körperliche, ist nicht rückgängig zu machen ... Selbstverständlich *sollte* unser Glaube an Christus andauern. Aber

die Behauptung, dies sei absolut notwendig oder würde unbedingt so sein, hat in der Bibel kein Fundament.

Oder so wie diese eines besorgten Autors:

Es ist möglich, oder sogar wahrscheinlich, daß ein Gläubiger ohne Gemeinschaft, mit einer Vorliebe für bestimmte philosophische Richtungen, wenn er ein logischer Denker ist, ein „ungläubiger Gläubiger" wird. Und dennoch sind Gläubige, die Agnostiker werden, immer noch gerettet. Sie sind immer noch wiedergeboren. Man kann selbst Atheist werden; aber wenn man einmal Jesus als Retter angenommen hat, dann kann man seine Rettung nicht mehr verlieren, selbst wenn man Gott verleugnet.

Oder so wie diese eines besorgten Pastors und Theologen:

Ich behaupte kategorisch, daß ein Mensch, der gerettet ist – der Jesus als Herrn bekennt und in seinem Herzen glaubt, daß Gott ihn von den Toten auferweckt hat – nach seinem Tod in den Himmel kommt, ungeachtet, welche Werke (oder welcher Mangel an Werken) diesen Glauben begleiten. Mit anderen Worten, ungeachtet, welche Sünde (oder Mangel an christlichem Gehorsam) diesen Gehorsam begleitet.

Nein!

Niemand verführe euch mit leeren Worten! Denn dieser Dinge wegen kommt der Zorn Gottes über die Söhne des Ungehorsams! [Es geht hier also nicht nur darum, seine „Belohnung zu verlieren". Es geht hier darum, den Zorn Gottes zu erleiden, der über die Ungehorsamen kommt!] *Seid also nicht ihre Mitteilhaber!* (Epheser 5,6-7)

Sonst wird sein Zorn über Sie kommen.

Satan bietet Adam einen Apfel und nimmt ihm das Paradies. Deswegen laßt uns in allen Versuchungen nicht bedenken, was er uns bietet, sondern was wir zu verlieren haben.

Richard Sibbes

Welche Lust ist so süß und begehrenswert, daß es sich dafür lohnte, in der Hölle zu brennen? Gibt es eine Lust, die in deinen Augen köstlich genug wäre, sie nicht hinter dir zu lassen, auch wenn du dafür dem Gerichts Gottes anheim fällst?

William Gurnall

Der Lohn, mit dem die Sünde den Sünder lockt, *ist Leben, Vergnügen und Gewinn; aber der Lohn, den sie ihm* zahlt, *ist Tod, Qual und Zerstörung.*

Robert South

Jede Sünde, die weit genug getrieben wird, wird ihre eigene Bestrafung.

Samuel Annesley

Die alte Erde atemlos
Beim Klang von dem Trompetenstoß
Wird bis ins Innerste erzittern;
Wenn am Jüngsten Tag der Welt
Der große Richter in den Lüften
Wird seinen Thron errichten.

John Milton

Otternbrut! Wer hat euch gewiesen, dem künftigen Zorn zu entfliehen?

Johannes der Täufer (Matthäus 3,7)

Kapitel Neun

Der Zorn Gottes

Es war im Jahr 79 n. Chr. in Pompeii, einer der schönsten Städte des römischen Reiches. Sie lag am Fuße des Vesuv. Kinder rannten draußen herum und spielten. Sklaven dienten ihren vermögenden Herren. Prostituierte gingen ihrem ewig blühenden Gewerbe nach. Ja, alles lief in der wohlhabenden Stadt Pompeii in den gewohnten Bahnen.

Aber unter der Erdoberfläche, aus den Augen, aus dem Sinn, braute sich etwas zusammen. Tonnen und Abertonnen an unterirdischen Kräften standen vor dem Zusammenprall. Der Druck unter der Erdoberfläche stieg Sekunde um Sekunde ...

Und dann, plötzlich, war es zu spät! Der Boden bebte, der Berg explodierte, der Himmel wurde erleuchtet und ein Strom von Feuer ergoß sich über die Hänge. Glühende Lava stürzte mit sengender Hitze von über 1000 Grad auf die sündige Stadt zu und verschlang alles, was ihr im Wege stand. Sie zeigte keine Gnade. Sie hielt für niemanden an. Es war eine Flut des flüssigen Todes.

Der Vesuv brüllte und spie Rauch aus. Eine Aschewolke hüllte die Toten sofort ein. Nur Sekunden zuvor waren sie noch am Leben gewesen! Überall war Panik ausgebrochen; Mütter schrien, alte Männer versuchten zu laufen, Säuglinge wurden zertrampelt. Aber sehr bald verstummten die Schreie, da nur solche, die noch Atem haben, schreien können. Das Feuer hatte selbst die Luft in ihren Lungen verbrannt!

Und dennoch war der Vesuv nur ein kleiner Vulkan auf einem winzigen Planeten, genannt Erde. *Eines Tages wird das gesamte Universum ausbrechen.* Denken Sie einmal über den Zorn Gottes nach.

Und ich sah, als es das sechste Siegel öffnete: und es geschah ein großes Erdbeben; und die Sonne wurde schwarz wie ein härener Sack, und der ganze Mond wurde wie Blut, und die Sterne des Himmels fielen auf die Erde, wie ein Feigenbaum, geschüttelt von einem starken Wind, seine Feigen abwirft. Und der Himmel schwand dahin wie ein Buch, das zusammengerollt wird, und jeder Berg und jede Insel wurden von ihren Stellen gerückt. Und die Könige der Erde und die Großen und die Obersten und die Reichen und die Mächtigen und jeder Sklave und Freie verbargen sich in die Höhlen und in die Felsen der Berge; und sie sagen zu den Bergen und zu den Felsen: Fallt auf uns und verbergt uns vor dem Angesicht dessen, der auf dem Thron sitzt, und vor dem Zorn des Lammes! Denn gekommen ist der große Tag ihres Zorns. Und wer vermag zu bestehen? (Offenbarung 6,12-17)

Aber das Gericht Gottes ist nicht nur ein Ereignis der Zukunft. Sein Zorn wird *bereits jetzt* offenbar. Sehen Sie sich Römer 1,18-32 einmal genau an.

Es gibt eine Offenbarung Gottes in der Natur:

Denn sein unsichtbares ‹Wesen›, sowohl seine ewige Kraft als auch seine Göttlichkeit, wird seit der Erschaffung der Welt in dem Gemachten wahrgenommen und geschaut, damit sie ohne Entschuldigung seien. (Römer 1,20)

Die Farben des Herbstes erinnern uns an seine Kreativität und Liebe. Die Frühlingsblumen zeigen uns, daß er ein Gott der Lebenskraft und Freude ist. Die schneebedeckten Berge machen uns darauf aufmerksam, daß er regiert. Aber auch Erdbeben haben uns etwas zu sagen. Ebenso ist es mit Wirbelstürmen und Orkanen, Flutwellen und Vulkanausbrüchen, Donnergrollen und Blitzschlag. Sie sprechen vom Zorn Gottes.

Gott ist ein gerechter Richter und ein *strafender Gott an jedem Tag.* (Psalm 7,12)

Als das Land Kanaan aufgrund seiner sexuellen Unmoral und Perversion unrein wurde, „suchte [Gott] seine Schuld an ihm heim, und das Land spie seine Bewohner aus" (3. Mose 18,25). Deswegen sagte der Herr zu Israel:

> [Die Greuel sollt ihr nicht tun] – damit das Land euch nicht ausspeit, wenn ihr es unrein macht, ebenso wie es die Nation ausgespieen hat, die vor euch ‹da› war. (3. Mose 18,28)

Ist es etwa mehr als eine Ironie des Schicksals, daß die tragischen und zerstörerischen Schlammlawinen in Rio de Janeiro im Jahr 1988 unmittelbar auf die jährlichen Karnevalsfeiern folgten, die größte homosexuelle Orgie der Welt? Gibt es einen Grund dafür, daß es in den letzten 50 Jahren mehr schwere Erdbeben gegeben hat als in den letzten 2000 Jahren zusammengenommen? *Speit uns die Erde*, durch Jahrhunderte von Greueltaten unrein gemacht, etwa jetzt *aus*? Spricht Gott durch die Natur zu uns?

Manche Menschen behaupten doch glatt, daß „alle Stürme und Naturkatastrophen vom Teufel" kommen und weisen auf die Geschichte in den Evangelien hin, als Jesus den Wind und die Wellen *bedrohte*. Aber das ist ein jämmerlich schwaches Argument. Was ist mit den vielen Malen im Alten Testament, wo es *der Herr* selbst war, der Hagel, donnerndes Erdbeben oder Sturmwind zum Gericht sandte? Wie steht es mit Jesaja 29,6?

> Vom HERRN der Heerscharen wird sie heimgesucht werden mit Donner und Erdbeben und großem Getöse, ‹mit› Wind und Sturm und mit der Flamme eines verzehrenden Feuers.

Wie steht es im Neuen Testament mit der Beschreibung des Thrones Gottes in der Offenbarung, der umgeben ist von „Blitzen und Stimmen und Donner" (vgl. Offenbarung 4,5; 8,5; 11,19)? Was ist mit Offenbarung 16,17-18?

> Und der siebente [Engel] goß seine Schale aus in die Luft; und es kam eine laute Stimme aus dem Tempel vom Thron

her, die sprach: Es ist geschehen. Und es geschahen Stimmen und Blitze und Donner; und ein großes Erdbeben geschah, desgleichen nicht geschehen ist, seitdem ein Mensch auf der Erde war, ein so gewaltiges, so großes Erdbeben.

Wo war dieser Engel hergekommen?

Und ich sah ein anderes Zeichen *im Himmel,* groß und wunderbar: Sieben Engel, die sieben Plagen hatten, die letzten; denn in ihnen wurde der *Grimm Gottes* vollendet ... Und die sieben Engel, welche die sieben Plagen hatten, kamen *aus dem Tempel* hervor ... Und der Tempel wurde mit Rauch gefüllt von der Herrlichkeit Gottes und von seiner Macht; und niemand konnte in den Tempel eintreten, bis die sieben Plagen der sieben Engel vollendet waren. (Offenbarung 15,1.6.8)

Sein Grimm ist wirklich voller Herrlichkeit! Und dennoch haben wir ihn entweder völlig ignoriert, ausradiert, heruntergespielt oder gar geleugnet.

Jesus sprach sehr *regelmäßig* über das Gericht und die Hölle, und dann erschreckend drastisch. Wir reden nur sehr *unregelmäßig* darüber (wenn überhaupt), und dann sehr verwässert. Unser liebender und gnädiger Retter lehrte bei weitem mehr über Gehenna als er über den Himmel lehrte und folgte damit dem Muster des gesamten Wortes Gottes. Und trotzdem ist die moderne Gemeinde diesem Wort nicht treu gefolgt. Sind wir etwa schlauer als der Herr? Sind die heutigen Prediger mehr vom Geist inspiriert als die Autoren der Schrift?

Hier können Sie es testen. Setzen Sie gemäß der Schrift ein Wort in die Lücke ein: Gott sagt: „Ich werde meinen _____ ausgießen." Was ist Ihre Antwort? Was war Ihre erste Reaktion? Haben Sie gesagt: „Geist"? Dann haben Sie sich in mindestens 75% der Fälle getäuscht! Mehr als drei von vier Malen, wenn der Herr in der Bibel sagt: „Ich will meinen _____ ausgießen," dann spricht er von seinem *Zorn,* seinem *Grimm* und seiner *Wut.* Das wird bei weitem stärker betont als die herrliche Ausgießung seines Geistes, besonders in den Passagen, in denen es sich um die letzten Tage handelt. Der Zorn Gottes ist bereits hier, und der Zorn Gottes kommt!

Weshalb betonen *wir* diese Wahrheiten nicht? Warum bringen *wir* uns nicht in Einklang mit dem lebendigen Wort? Sind wir etwa ausgeglichener als die Bibel? Oder glauben wir es einfach nicht? Oder vielleicht ist es uns peinlich, wir schämen uns für den Charakter des Herrn. Wir brauchen dringend eine geistliche Generalüberholung!

Wie wichtig ist es für uns, den Zorn Gottes zu verstehen? Hören Sie einmal auf Mose, der in den Psalmen sagt:

> Wer erkennt die Stärke deines Zorns und deines Grimms, wie es der Furcht vor dir entspricht? (Psalm 90,11)

Die ehrerbietige Furcht, die Gott gebührt, ist *groß*!

Denken Sie noch einmal an Offenbarung 6,12-17 zurück. Die Sünder würden lieber von den Felsen zerschmettert werden, als auch nur das Angesicht Gottes zu sehen. Sie würden lieber für eine Lawine beten, als mit dem Zorn des Lammes konfrontiert zu werden. Und in dem Maße, wie sein Feuer die Ungerechten verzehren wird und wie sein Zorn die Bösen zerstören wird – in dem Maße muß er gefürchtet werden! Den Zorn Gottes zu erleiden ist ein viel schrecklicheres Schicksal als der schlimmste Tod (vgl. Lukas 17,2).

Wie atemberaubend und überwältigend ist allein schon der Gedanke an seinen heiligen Zorn! (Fragen Sie doch nur einmal die Propheten: Jeremia 4,19; 23,19; Jesaja 21,3-4; 22,4.) Aber wir schlafen weiter, lachen weiter, feiern weiter – unbewegt und ungerührt. Möge Gott uns sehende Augen geben!

Wir haben den Zorn Gottes fast gänzlich aus unserer Theologie gestrichen und ihn völlig aus unseren Predigten heraus gehalten, also praktisch Hölle und Gericht aus dem Evangelium entfernt. Wir reden darüber nicht in der Gemeinde; schließlich sind diese Leute ja schon gerettet! Warum sollten wir sie solch „negative" Wahrheiten lehren? Wir reden darüber nicht in der Welt; schließlich müssen diese armen, abgelehnten, verletzten Leute nur etwas von der Lieben Gottes hören!

Und dennoch sind viele von uns völlig in dieser Welt gefangen. Wir schieben das Gericht als „eschatologisches Ereignis" auf die lange Bank. Wir stellen uns den Feuersee so vor, als wäre er irgendwo in Narnia. Es scheint uns alles zu abstrakt, zu weit weg, zu weit hergeholt. Vielleicht wird uns das wachrütteln: Es gibt eine Offenbarung des Zornes Gottes nicht nur in der Natur, sondern es gibt *gerade jetzt* auch noch eine Offenbarung seines Zorns in unserer Gesellschaft.

> Denn es wird geoffenbart Gottes Zorn vom Himmel her über alle Gottlosigkeit und Ungerechtigkeit der Menschen, welche die Wahrheit durch Ungerechtigkeit niederhalten. (Römer 1,18)

Und das kann genau ausgemessen werden. Wieviel Zorn ist bereits über den Westen geoffenbart worden?

Der erste Schritt in jeder Gesellschaft, die von Gott abfällt, ist der folgende: Daß wir, obwohl wir als Nation den Herrn kannten, „ihn aber weder als Gott verherrlichten noch ihm Dank darbrachten, sondern in [unseren] Überlegungen in Torheit verfielen und [unser] unverständiges Herz verfinstert wurde." Wir wurden in unserer eingebildeten Weisheit zu Narren, „und haben die Herrlichkeit des unvergänglichen Gottes verwandelt in das Gleichnis eines Bildes vom vergänglichen Menschen [Superstars! Sexsymbole! Idole[36]!] und von Vögeln und von vierfüßigen und kriechenden Tieren" (Römer 1,21-23).

Und das Ergebnis davon, und eine klare erste Offenbarung des Zornes Gottes:

> Darum hat Gott [uns] dahingegeben in den Begierden [unserer] Herzen in ‹die› Unreinheit, [unsere] Leiber untereinander zu schänden. (Römer 1,24)

Das ist das Gericht Gottes! *Die sogenannte sexuelle Revolution ist ein Ergebnis des Zornes Gottes.* Er gab uns dahin in unsere schändliche Lust. Promiskuität, Pornographie und sexuelle Freizügigkeit sind eher ein Fluch, denn ein Segen. Sie schänden die Menschheit. Aber es kommt noch schlimmer!

Wir haben „die Wahrheit Gottes in die Lüge verwandelt und dem Geschöpf Verehrung und Dienst dargebracht ... statt dem Schöpfer" (Römer 1,25). Was für eine passende Beschreibung für unsere moderne, vergnügungssüchtige Gesellschaft! „Deswegen hat Gott [uns] dahingegeben in schändliche Leidenschaften" (Römer 1,26a) – Lesbentum und Homosexualität! Das ist der nächste Schritt in der Offenbarung seines Zorns. Das ist der nächste Hinweis, daß er unsere Nation dem Gericht übergeben hat.

> Denn [unsere] Frauen haben den natürlichen Verkehr in den unnatürlichen verwandelt, und ebenso haben auch die Männer den natürlichen Verkehr mit der Frau verlassen, sind in ihrer Wollust zueinander entbrannt, indem sie Männer mit Männern Schande trieben, und empfingen *den gebührenden Lohn* ihrer Verirrung an sich selbst. (Römer 1,26-27)

Könnte das auf AIDS angewandt werden? Aber da kommt noch mehr!

> Und wie [wir] es nicht für gut fanden, Gott in der Erkenntnis festzuhalten [welch eine zutreffende Beschreibung des weltlichen Humanismus!], hat Gott [uns] dahingegeben in einem verworfenen Sinn zu tun, was sich nicht ziemt: erfüllt mit aller Ungerechtigkeit, Bosheit, Habsucht, Schlechtigkeit, voll von Neid, Mord, Streit, List, Tücke; Ohrenbläser, Verleumder, Gotteshasser, Gewalttäter, Hochmütige, Prahler, Erfinder böser Dinge [wie wäre es da mit Computer-Pornographie, Telefon-Sex oder Hardcore Porno-Videos?], den Eltern Ungehorsame, Unverständige, Treulose, ohne natürliche Liebe [die wir unsere eigene Leibesfrucht töten], Unbarmherzige [es gibt Hunderte von Massenmördern in unserem Land]. (Römer 1,28-31)

Aber auch dies ist noch nicht das Ende. Es gibt noch ein letztes Zeichen der Offenbarung von Gottes Zorn in unserer Gesellschaft. Es ist dies:

Obwohl [die Sünder] Gottes Rechtsforderungen erkennen, daß die, die so etwas tun, des Todes würdig sind, üben sie es nicht allein aus, sondern haben auch Wohlgefallen an denen, die es tun. (Römer 1,32)

Ja, der Westen ist wirklich ganz unten angekommen. Die Perversen erhalten Privilegien. Abtreibungsaktivisten werden angehimmelt. AIDS-infizierte Homosexuelle werden Helden. *Wir verehren die Entarteten.* Volk Gottes, wach endlich auf! Das Gericht hat bereits begonnen!

Wenn eine Nation fast 30 Millionen ihrer kostbaren Ungeborenen abschlachtet, dann hat das Gericht wirklich bereits begonnen! Wenn radikale Feministinnen in öffentliche Ämter gewählt werden, dann hat das Gericht bereits begonnen! Wenn Homosexuelle durch unsere Städte marschieren, dabei von den Bürgermeistern begleitet werden und verkünden: „Gott ist schwul" und „Wir wollen eure Jungs", dann hat das Gericht bereits begonnen! Wenn 100 000 unserer jungen Leute Pistolen in die Schule mitbringen, dann hat das Gericht bereits begonnen! Wenn wir zur größten Schuldnernation dieser Erde geworden sind, wenn neue Krankheiten der Entwicklung neuer Heilmethoden davonlaufen, wenn obdachlose Kinder auf den Straßen umherirren, dann hat das Gericht bereits begonnen! Wenn sich alle halbe Stunde ein Mord ereignet und jede Stunde eine Vergewaltigung zur Anzeige gebracht wird, wenn die Gerichtshöfe die Unschuldigen verurteilen und die Schuldigen freisprechen, dann hat das Gericht bereits begonnen! Und dann, als ob all das nicht bereits völlig niederschmetternd wäre, rufen Sie sich einige Ereignisse des Jahres 1992 aus den Vereinigten Staaten ins Gedächtnis zurück: die schlimmsten Rassenunruhen des Jahrhunderts (Los Angeles), die teuerste Naturkatastrophe unserer Geschichte (Hurrikan Andrew) und die Wahl des ersten Präsidenten von Amerika seit der Rechtssache Roe gegen Wade, der Abtreibungen befürwortet.

Der Zorn Gottes wird bereits geoffenbart. Er hat uns unseren Sünden überlassen. Er hat weite Teile unserer Gesellschaft in einen verworfenen Sinn dahingegeben. Aber es gibt noch ein weitaus größeres Gericht, das noch kommt!

Nicht nur, daß der Herr diese perverse Generation verlassen wird, nicht nur daß der Zorn Gottes auf diesen sündigen, rebellischen Planeten ausgegossen werden wird in Unglücken, Katastrophen, Plagen und Kriegen, sondern die Wiederkunft des Herrn wird eine Zeit des Gerichts sein. Der Zorn Gottes wird über der ganzen Erde ausgegossen werden, wenn sein Sohn zurückkehrt:

> Und [Jesus wird] euch, den Bedrängten mit Ruhe [vergelten], zusammen mit uns bei der Offenbarung des Herrn Jesus vom Himmel her mit den Engeln seiner Macht, in flammendem Feuer. Dabei übt er Vergeltung an denen, die Gott nicht kennen, und an denen, die dem Evangelium unseres Herrn Jesus nicht gehorchen; sie werden Strafe leiden, ewiges Verderben vom Angesicht des Herrn und von der Herrlichkeit seiner Stärke, wenn er kommt, um an jenem Tag in seinen Heiligen verherrlicht und in allen denen bewundert zu werden, die geglaubt haben ... (2. Thessalonicher 1,7-10)

Und genau das ist es, wofür wir beten, wenn wir sagen: „Herr, dein Reich komme." Es wird mit furchtbarem Zorn kommen!

Und dennoch gibt es eine letzte sichtbare Darstellung des Zorns unseres Gottes. Es ist der letzte Schuldspruch der Verdammten, der von dem großen weißen Thron ausgeht, wenn Himmel und Erde vor seiner Gegenwart vergehen werden. Die Sünder werden in das Feuer der Hölle geworfen werden (Offenbarung 20,11-15)!

An jenem Tag wird da „Heulen und Zähneklappern" sein (Matthäus 8,12; 13,42; 13,50; 22,13; 24,51; 25,30) – Jesus hat oft darüber gesprochen! Die Bösen „werden hingehen zur ewigen Strafe" (Matthäus 25,46); sie werden aufwachen „zur Schande, zu ewigem Abscheu" (Daniel 12,2). Sie werden „hinausgeworfen werden in die äußere Finsternis" (Matthäus 8,12), „wo ihr Wurm nicht stirbt und das Feuer nicht erlischt" (Markus 9,46; Jesaja 66,24). Der Herr wird ihre Leiber und ihre Seelen in der Hölle verderben (Matthäus 10,28); sie werden verloren gehen (Johannes 3,16) und mit unauslöschlichem Feuer verbrennen (Matthäus 3,12).

> Und der Rauch ihrer Qual steigt auf von Ewigkeit zu Ewigkeit. (Offenbarung 14,11a)

Wen nimmt es Wunder, daß Jonathan Edwards schreiben konnte:

> Die Verdammten in der Hölle würden die Welt dafür geben, wenn ihre Sünden eine weniger zählten.[37]

Das ist der Zorn Gottes.

Das Ausmaß der Kraft und Stärke eines Mannes ist das Maß seiner Hingabe.

William Booth

Ich bin überzeugt, wenn ich selbst dem Herrn mit größerer Hingabe nachfolgen könnte, daß mein Dienst dann noch eindrücklicher wirken könnte, als er es jetzt bereits tut.

Robert Murray M'Cheyne

Wer einen Baum liebt, haßt den Wurm, der ihn anbohrt; wer ein Kleidungsstück liebt, haßt die Motte, die es frißt; wer das Leben liebt, verabscheut den Tod; und wer den Herrn liebt, haßt alles, was ihn beleidigt.

William Couper

Es gibt nichts, was einer annehmbaren Annäherung an Gott bei seiner Anbetung ganz im Allgemeinen, und beim Empfang der Siegel seines Bundes im Besonderen, grundlegender wäre, als eine sorgfältige und allumfassende Trennung von aller bekannten Sünde.

John Witherspoon

Ich sehne mich nach Liebe ohne Kälte, Licht ohne Schatten und Reinheit ohne Flecken oder Runzeln.

Robert Murray M'Cheyne

Gott allein sieht das Herz; das Herz allein sieht Gott.

John Donne

Kapitel Zehn

Die Macht des reinen Herzens

Es ist eine Sache, die Sünde zu meiden. Und es ist eine andere, sie zu hassen. Es ist eine Sache zu kämpfen, zu toben und zu schlagen, nur um der Versuchung gerade noch zu *widerstehen*. Und es ist eine völlig andere Sache, sie ganz und gar *zurückzuweisen*. Sind wir in einen widerstrebenden Ringkampf mit der Welt verwickelt, ober ist sie für uns abstoßend?

Jetzt ist ein guter Zeitpunkt für eine gründliche geistliche Untersuchung: Haben wir das Herz Gottes, ein Herz, das das Gute liebt und das Böse haßt, oder möchten wir eigentlich das Falsche tun und schaffen es gerade eben so, das Richtige zu tun? Könnte es sein, daß da etwas wichtiges in unserem Leben noch fehlt? Ist es für uns als Volk Gottes möglich, zu einer tieferen moralischen Veränderung zu gelangen? Kann uns unsere neue Geburt *wirklich* ein neues Herz geben?

Die Antort ist ganz entschieden und ausdrücklich *ja*. Zum ersten ist es Teil der Furcht Gottes.

> Die Furcht des HERRN ‹bedeutet›, Böses zu hassen. (Sprüche 8,13a)

> Sei nicht weise in deinen Augen, fürchte den HERRN und weiche vom Bösen. (Sprüche 3,7)

> Die Furcht des Herrn, sie ist Weisheit, und vom Bösen weichen, ‹das› ist Einsicht. (Hiob 28,28b)

> Kommt, ihr Söhne, hört mir zu: die Furcht des HERRN will ich euch lehren. Wer ist der Mann, der Lust zum Leben hat, der ‹seine› Tage liebt, um Gutes zu sehen? Bewahre deine Zunge vor Bösem und deine Lippen vor

betrügerischer Rede; laß ab vom Bösen und tue Gutes, suche Frieden und jage ihm nach! (Psalm 34,12-15)

Die Furcht des Herrn bedeutet eine moralische „Kehrtwendung". Sie bringt radikale Gerechtigkeit hervor!

Eine tiefe, ehrfürchtige Wertschätzung dessen, wer er ist – ein allheiliger, allmächtiger, vollkommener Richter – wird zur Abwendung von Sünde führen. „Fürchtet euch nicht," sagte Mose zum Volk Israel, nachdem sie von der furchterregenden Gegenwart Gottes am Berg Sinai völlig am Boden zerstört waren. „Denn ‹nur› um euch zu prüfen, ist Gott gekommen und damit die Furcht vor ihm euch vor Augen sei, damit ihr nicht sündigt" (2. Mose 20,20).

Deswegen war Abraham auch nicht bereit, den Leuten von Gerar zu vertrauen. Er sagte sich: „Gewiß gibt es keine Gottesfurcht an diesem Ort, und diese werden mich erschlagen um meiner Frau willen" (2. Mose 20,11).

Es gibt keine Garantie dafür, was Menschen, die keine Furcht vor Gott haben, nicht alles tun. Warum sollten sie nicht hemmungslos sündigen? Wenn es keinen letzten Richter und kein letztes Gericht gibt, warum sollten sie nicht völlig schamlos handeln? Warum nicht essen, trinken und feiern, wenn dieses Leben alles ist, was es gibt?

Die Furcht Gottes korrigiert all das – und zwar schnell! Aber das ist nur der erste Schritt. Es geht noch tiefer. Wenn wir erkennen, daß wir „den als Vater anruf[en], der ohne Ansehen der Person eines jeden Werk richtet", dann werden wir „die Zeit [unserer] Fremdlingschaft in Furcht" wandeln (1. Petrus 1,17). Wenn wir wirklich verstehen, daß „kein Geschöpf ... vor ihm unsichtbar [ist], sondern alles bloß und aufgedeckt vor den Augen dessen [ist], mit dem wir es zu tun haben" (Hebräer 4,13), dann werden wir bestimmt auf unsere Wege achten und über unsere Worte wachen. Dann wird es nicht mehr möglich sein, kleine Spielchen zu spielen!

Aber unser Weg mit Gott bedeutet mehr, als ihn zu verehren und Sünde allein aufgrund dessen zu vermeiden, wer er ist. Es gibt da noch etwas tieferes. *Wir sind dazu berufen, ihm ähnlicher zu werden.* Wir sind dazu bestimmt, in das Bildnis seines Sohnes verwandelt zu werden (Römer 8,29). Wir sind aufgerufen, an seiner göttlichen Natur teilzuhaben (2. Petrus 1,4)!

Und dennoch gibt es da eine erstaunliche Tatsache: Gerade die Gläubigen, die so gerne verkünden: „Wir sind Götter! Wir haben Teil an seiner himmlischen Natur! Unser Geist ist neu geschaffen in seinem Bild!" sind leider nur allzu oft auch diejenigen, deren Leben mit weltlicher Gesinnung, Korruption, Stolz, Begierden, Unabhängigkeit und Arroganz erfüllt sind. Ihre kühnen Bekenntnisse haben viele von ihnen nicht vor allen möglichen Skandalen und Unreinheiten gerettet.

Nein! Teilzuhaben an der göttlichen Natur bedeutet (um die Prioritäten wieder richtig zu ordnen), „dem Verderben, das durch die Begierde in der Welt ist" (2. Petrus 1,4) zu entfliehen. Der „neue Mensch", den wir anziehen sollen, ist „nach Gott geschaffen ... in wahrhafter Gerechtigkeit und Heiligkeit" (Epheser 4,24). „In Christus sein" bedeutet wirklich „eine neue Schöpfung; das Alte ist vergangen, siehe, Neues ist geworden" (2. Korinther 5,17). Durch das Blut des Lammes sind wir wahrhaft „ein auserwähltes Geschlecht, ein königliches Priestertum, eine heilige Nation, ein Volk zum Besitztum, damit [wir] die Tugenden dessen verkündig[en], der [uns] aus der Finsternis zu seinem wunderbaren Licht berufen hat" (1. Petrus 2,9).

Herrlichkeit und Ehre sei dem Herrn! Das sind nicht irgendwelche abstrakten theologischen Maxime. *Das ist die göttliche Wahrheit.* Gott ruft uns, sein Herz zu haben. Er ruft uns, an seiner Heiligkeit teilzuhaben. Er ruft uns, mit seinem Licht zu leuchten. Er ruft uns, die Sünde zu bekämpfen.

Aber wie können wir das bekämpfen, womit wir uns so gut arrangiert haben, was wir so sehr schätzen, wovon wir angezogen werden, was wir innerlich begehren? Wie können wir die zurechtweisen, welche die Dinge öffentlich tun, die wir innerlich noch nicht abgelegt haben? Wie können wir denen Überführung bringen, deren größte Sünde darin besteht, das *zu tun*, wovon wir *träumen*? Ganz gewiß hat Jesus nicht so gelebt!

Du hast Gerechtigkeit geliebt und Gesetzlosigkeit gehaßt; darum [Sie dürfen dieses Wort nicht übersehen; die Schrift sagt hier „*darum*"] hat dich, o Gott, dein Gott gesalbt mit

Freudenöl vor deinen Gefährten. (Hebräer 1,9; er zitiert dabei Psalm 45,3)

Das ist es, was *uns* vor und über unsere Gefährten stellen wird: Wenn wir, so wie Jesus, die Gerechtigkeit lieben und die Gesetzlosigkeit hassen, dann wird uns unser Vater mit einer besonderen Freudensalbung ehren. Und das ist die Salbung, die wir ganz dringend benötigen: eine Salbung der Gegenwart Gottes, eine Salbung der Person Gottes, das heilige Öl der *Freude* unserer Rettung.

Reinheit und Freude gehen Hand in Hand. Es sind die *Gerechten*, die sich freuen und fröhlich sind (vgl. Psalm 32,11; 33,1).

Das ist ein Schlüssel für geistliche Kraft: Wir werden die Autorität Gottes in dem Maße in unserem Leben haben, wie wir das hassen, was er haßt, und das lieben, was er liebt; wenn wir der Versuchung nicht mehr länger nur wegen ihrer Implikationen widerstehen, sondern auch wegen ihres Inhalts. Das ist das Zeichen eines wahrhaft geisterfüllten, geistgeleiteten Lebens. Wir tun den Willen des Vaters *gerne*, ohne das Gefühl zu haben, dabei etwas zu verlieren, und ohne niedergeschlagen zu sein. Die Liebe zur Welt ist dann nicht mehr in uns (1. Johannes 2,15-17)!

Selbstverständlich sind wir nicht dazu berufen, die Welt mit ihren Nöten im Stich zu lassen, und viele ausgezeichnete Leiter betonen heutzutage die sogenannte „Freundschafts-Evangelisation": Liebe den Sünder. Entwickle eine Beziehung zu deinen verlorenen Nachbarn und Bekannten. Sieh sie nicht nur als Zahlen auf einer Bekehrungsskala. Versuche auch nicht, ihnen das Evangelium durch irgendwelche Psychotricks und Überredungskünste einzutrichtern. Schließe einfach Freundschaft mit ihnen.

Amen – soweit jedenfalls. Aber da gibt es einen Haken bei der Sache. Das Wort sagt, Freundschaft mit der Welt ist Haß gegen Gott!

Wißt ihr nicht, daß die Freundschaft der Welt Feindschaft gegen Gott ist? (Jakobus 4,4b)

Für viele kann diese „Freundschafts-Evangelisation" eine Falle des Teufels sein. Statt ein Freund für Menschen in der Welt zu sein, werden wir ein Freund der Welt. Statt ein verändertes Leben zu führen, das die Welt mit ihrer Sünde konfrontiert, rutschen wir in ein kompromißreiches Leben, das sich der Sünde der Welt anpaßt. Wir gewöhnen uns an das Unrecht, passen uns dem Bösen an, tolerieren Unreinheit, lassen Unmoral gewähren – statt dessen sollten wir immer heller strahlen, wie der Sohn Gottes leuchten, völlig von *seiner* Herrlichkeit entflammt sein.

Wir haben einen Durchbruch des Lichtes Gottes so nötig! Wir müssen dringend neu in seine göttliche Gnade eingetaucht werden! Wir müssen das Bild des Himmlischen in uns tragen!

> Es ist das Kennzeichen eines Lebens, das vom Heiligen Geist geleitet wird, beständig und immer mehr von Christus in Besitz genommen zu werden. Mit der Zeit wird Christus immer größer (T. Austin Sparks).[38]

Es ist der Plan Gottes, daß Jesus in allem den Vorrang hat (Kolosser 1,18). Er muß als alleiniger Herrscher in unseren Herzen regieren!

Das ist einer der Gründe, warum unser Zeugnis so oft erfolglos bleibt: unser Herz ist geteilt, unsere Liebe nur halbherzig, unsere Loyalität gespalten.

> Jedes Reich, das mit sich selbst entzweit ist, wird verwüstet; und jede Stadt oder jedes Haus, die mit sich selbst entzweit sind, werden nicht bestehen. Und wenn der Satan den Satan austreibt, so ist er mit sich selbst entzweit. Wie wird denn sein Reich bestehen? (Matthäus 12,25-26)

Wie wird denn unser „Reich" bestehen, wenn unsere Herzen an einem Tag heiß sind und am nächsten kalt; in einem Moment die Sünde von sich weisen und im nächsten sich darin wälzen; in einer Minute mit dem Teufel kämpfen und ihn in der nächsten begrüßen? Es ist ja kein Wunder, daß wir ihn nicht austreiben können! *Wer sich mit Satan herumtreibt und anbändelt, wird ihn nie bezwingen.*

Aber – und das ist schmerzlich und dennoch wahr – wir stehen wirklich in einem Kampf. Niemand hat je gesagt, daß es einfach werden würde! Petrus sprach von „fleischlichen Begierden, die gegen die Seele streiten" (1. Petrus 2,11); Jakobus nannte es „Lüste[n], die in euren Gliedern streiten" (Jakobus 4,1); und Paulus gab Timotheus den Rat „die jugendlichen Begierden aber [zu] fliehe[n]" (2. Timotheus 2,22). Denn erst, wenn wir „alles ausgerichtet" haben, vermögen wir zu bestehen (Epheser 6,13). Aber – und das ist stark und wunderbar wahr – *wir können bestehen.*

Es gibt einen Ort des Sieges für die Kinder Gottes! Es gibt einen Ort der Reinheit! Die Gnade Gottes ist völlig ausreichend. Er macht uns fähig, jeden einzelnen von uns, seinen Geboten mit Leidenschaft zu folgen, seinen Willen mit Freude zu tun, ihm *mit ganzen Herzen* nachzufolgen. Jesus ist von den Toten auferstanden! *In ihm* sind wir ebenfalls auferstanden! Sein Leben ist zu unserem geworden. Es ist „Christus in euch, die Hoffnung der Herrlichkeit" (Kolosser 1,27). Wir wollen ihm erlauben, durch uns zu leben!

Im Alten Testament waren die Menschen mit dem Geist *bekleidet* und vom Geist *ergriffen* (Richter 6,34 und 14,6 – im Hebräischen). Aber wir sind im Geist *getauft* und *erfüllt* vom Geist. Er *lebt* jetzt *in* uns! Bekleidet, ergriffen, getauft, erfüllt – das ist die Ausrüstung des Herrn.

Im Alten Testament gab es Menschen wie Hiob, der war „gottesfürchtig und mied das Böse" (Hiob 1,1). Sie waren aufgerufen: „Die ihr den HERRN liebt, haßt das Böse" (Psalm 97,10) und „Haßt das Böse und liebt das Gute" (Amos 5,15). Es war ihre Berufung, „Recht zu üben und Güte zu lieben" (Micha 6,8). Und wir sind gewiß zu nichts Geringerem berufen. Uns wurde selbst die Waffenrüstung Gottes gegeben! Er hat uns mit *seiner* Gerechtigkeit bekleidet.

Lesen Sie das Wort Gottes sorgfältig; die Waffenrüstung, die wir tragen sollen, ist die Rüstung, die Gott selbst „trägt". Wir legen den Helm des Heils an (Epheser 6,17), und er tut das auch (Jesaja 59,17)! Wir ziehen den Panzer der Gerechtigkeit an (Epheser 6,14), und der Herr tut das gleiche (Jesaja 59,17). Er ist der Kriegsheld (2. Mose 15,3). Wir sind berufen: „Werdet stark im Herrn und in der Macht seiner Stärke" (Epheser 6,10). Wir kämpfen *seinen* Kampf in *seiner* Stärke. Wir ziehen mit *sei-*

nen Waffen in die Schlacht. Ja, die Waffen, mit denen wir kämpfen, sind „mächtig für Gott zur Zerstörung von Festungen" (2. Korinther 10,4).

> Denn alles, was aus Gott geboren ist, überwindet die Welt; und dies ist der Sieg, der die Welt überwunden hat: unser Glaube. Wer aber ist es, der die Welt überwindet, wenn nicht der, der glaubt, daß Jesus der Sohn Gottes ist? (1. Johannes 5,4-5)

Hören Sie auf den Geist Gottes!

Da gibt es einen Ort, an den er uns ruft, einen Ort der Zuflucht und des Lebens. Wir haben eine göttlich Einladung. Er sagt: „Verlasse deine Anstrengungen. Verlasse deine Mühen. Verlasse den Dreck und Gestank. Komm in das Versteck. Komm in den starken Turm. Komm in die göttliche Festung. Suche das Angesicht Gottes!

Und dann komm *hervor*, gekleidet in Feuer, gekleidet in Kraft, gekleidet in Autorität, gekleidet in das Wesen Gottes selbst. Steh auf und vertreibe die Feinde! Verjage den Teufel und seine Heerscharen! Konfrontiere die Welt mit ihrer Sünde. Tu deinen Mund auf gegen Heuchelei und Stolz. Wende dich ab von Greuel und Gier. Überführe Unmoral und Mord. Weise Lust und Lügen zurück und ‚strebe aber nach Gerechtigkeit, Glauben, Liebe, Frieden mit denen, die den Herrn aus reinem Herzen anrufen' (2. Timotheus 2,22), durch seine Gnade, die dich bestehen läßt!"

* * * *

Die Schrift lehrt uns: „Sechs ‹Dinge› sind es, die dem HERRN verhaßt sind, und sieben sind seiner Seele ein Greuel" (Sprüche 6,16), aber „er liebt Gerechtigkeit und Recht" (Psalm 35,3a). Können Sie sagen: „Amen, Herr! Ja! Ich auch! Ich habe ein ungeteiltes Herz"?

Jemand, der für Gott arbeiten will, wird Arbeit finden, und niemand kann ihn aufhalten.

D. L. Moody

Laß deine Zuversicht nicht sinken, in den Dingen des Geistes voranzuschreiten; noch hast du Zeit, die Stunde ist noch nicht vorüber.

Thomas à Kempis

Erinnere dich stets daran, daß „Schwierigkeit" ein Wort ohne Bedeutung ist, wenn es auf Ihn angewendet wird: es ist nicht im Wortschatz des Himmels. Die Macht ist unseres Gottes. Schau von dir weg und gänzlich auf Ihn.

John Summerfield

Gott freut sich daran, wenn wir uns völlig auf ihn verlassen und ihn stets zu Hilfe rufen. Je größer die Not, und je tiefer die umgebende Finsternis, desto mehr wird er verherrlicht durch den Glauben, der sich ihm naht.

C. H. Mackintosh

Es ist großartig, zu Christus hin zu wachsen und in ihm zuzunehmen. Ein junger Christ, der heranwächst, ist für andere interessanter und hilfreicher, als der Fortgeschrittenste, der aber stehen bleibt.

B. J. Stoney

Ich glaube, daß auf einen, der an Überarbeitung für Christus stirbt, etwa Zehntausend kommen, die an Langeweile sterben.

D. L. Moody

Kapitel Elf

Schluß mit den Ausreden!

Die offensive Verkündigung des Evangeliums beginnt vor der eigenen Türe. Wir müssen uns zunächst *selbst* mit der kompromißlosen und unbeschönigten Wahrheit konfrontieren. Bringen wir wirklich dauerhafte Frucht für das Reich Gottes oder machen wir nur viel Lärm?

Oh ja, es ist leicht, für den Herrn sehr „beschäftigt" zu sein, wir rennen hierhin und dahin, wir besuchen Gottesdienste und besondere Veranstaltungen, es gibt Seelsorge, Predigten, Spenden einsammeln, gute Werke tun, wir „dienen" Jesus mit all unserer Kraft. Aber (und da muß einmal die ganze Wahrheit gesagt werden!) heute besteht ein Großteil unseres Dienstes aus sorgfältig geplanten, manchmal schon verzweifelten Anstrengungen, um die Abwesenheit des Heiligen Geistes auszugleichen. Wir probieren statt durchzuhalten, arbeiten statt zu warten, tun statt zu sterben, schwitzen statt zu suchen. Unser „geistlicher" Dienst stinkt nach Fleisch. *Was der Herr tut, ist heilig, heilig, heilig; und was wir tun ist hohl, hohl, hohl.*

Wir bringen zwar viel hervor, aber nur wenig davon trägt das Zeichen Jesu. Wir brüsten uns großer Zahlen, aber so wenige davon sind wiedergeboren. Wir sind von Aktivismus getrieben, aber wo ist die Herrlichkeit Gottes? Wo ist die himmlische Berührung? Oswald Chambers rief aus:

> Wieviel christliche Arbeit wird heutzutage getan, die nie unter den Gehorsam gestellt worden ist, sondern einfach aus eigenem Antrieb unternommen wurde! ... Es ist unbegreiflich, aber dennoch wahr, daß manche Heilige nicht all ihr Planen unter dem Gehorsam gefangen nehmen, sondern aus dem Antrieb ihrer eigenen Natur heraus, die noch

nicht durch eine entschiedene Zucht vergeistigt worden ist, Arbeit für Gott tun.[39]

Nach Chambers halten wir oft „Panik" für „Inspiration".

Und dennoch ist ein Dienst, der dem Fleisch entstammt, vom Fleisch getragen wird, nur die eine Hälfte des Problems. Es gibt noch die andere Seite der Geschichte, die Seite der *In*aktivität und *Un*tätigkeit. Ich nenne das „prophetischen Snobismus" – die Gefahr dabei ist, daß einem die gegenwärtige christliche Szene so auf die Nerven geht, man so angewidert ist von den Show-Predigern und der Hollywood-Heiligkeit, man derart leidet unter den manipulierenden Pastoren, die nur gierig sind statt gottgefällig, man so verletzt ist durch die Skandale und Oberflächlichkeit im Leib Jesu, so daß wir uns dann völlig vom Gemeindeleben zurückziehen, während wir auf eine *echte* Bewegung Gottes warten. Viele von uns sind im Laufe eines solchen Vorgangs vollends nutzlos geworden! Wir haben uns aufgelöst statt aufzustehen.

Oh ja, wir suchen nach den „tieferen" Dingen Gottes, nach dem „Gehalt" des Wortes, nach den „höheren" Erfahrungen im Geist. Wir haben genug vom Groben und Primitiven, der unreifen Betonung (wie wir meinen!) äußerer Dinge, wie etwa den Zeichen und Wundern. Wir sind schon längst darüber hinaus! *Jetzt sind wir abgeklärt.*

Aber leider ist das, was wir "höher" und „abgeklärt" nennen, allzu oft nur ein unterschwelliger und unbewußter Erklärungsversuch für die Abwesenheit einer greifbaren göttlichen Realität. Wir sprechen in hohen und erhabenen Worten, aber im Geist tragen wir nur ein kleines Stöckchen vor uns her. Wir richten unsere „hyperaktiven" Geschwister, die erfüllt sind von ihren eigenen Werken, aber wir sind erfüllt von unseren eigenen Worten.

Wo ist die greifbare *Manifestation* Gottes in unserer Mitte? Wo ist der sichtbare *Beweis* unserer großen Reife? In wie fern ist unsere heilige Untätigkeit besser als die fleischliche Hektik der anderen?

Wir müssen in unsere eigenen Herzen schauen und unser Leben prüfen. Haben wir das Kind (der greifbaren Kraft Gottes) gleich mit dem Bade (des charismatischen Chaos) ausgeschüttet?

Suchen wir nur leere Ausreden für den Mangel an himmlischer Heimsuchung? Oder noch schlimmer, täuschen wir uns selbst und reden uns ein, daß wir gerade eine *echte* Bewegung Gottes genießen, sie ist dieses Mal einfach nur nicht greifbar? Der Herr bewahre uns davor, daß wir uns noch länger selbst belügen!

Als Elia auf dem Berg Karmel stand und die Baalsprophten konfrontierte, wußte er, daß sein Leben auf dem Spiel stand (1. Könige 18,20-40). Wenn Gott nicht mit Feuer antworten würde, dann wäre alles vorbei. Bei dieser Sache konnte es keine Tricks oder Taschenspielereien geben. Und Elia machte es dem Herrn sogar noch richtig schwierig. Es ließ Wasser über das Opfer gießen – nicht nur ein oder zwei mal, sondern drei mal – und das zur Zeit der schlimmsten Trockenheit, die Israel je gesehen hatte.

> Da lief das Wasser rings um den Altar, und auch den Graben füllte er mit Wasser. (1. Könige 18,35)

Und dann betete Elia ein einfaches Gebet.

> Da fiel Feuer vom HERRN herab und verzehrte das Brandopfer und das Holz und die Steine und die Erde; und das Wasser, das im Graben war, leckte es auf. (Vers 38)

Ja! Jahwe antwortete wirklich mit Feuer!

> Als das ganze Volk das sah, da fielen sie auf ihr Angesicht und sagten: Der HERR, *er* ist Gott! Der HERR, *er* ist Gott! (Vers 39)

Die Leute halfen Elia sogar dabei, die 450 falschen Propheten abzuschlachten. Sie waren völlig überzeugt!

Es gibt bei dieser Geschichte einen Punkt, der für das Verständnis absolut elementar ist. Elia sagte nicht: „Habt ihr das Feuer gesehen? Wie viele von euch haben gespürt, daß der Herr mein Gebet beantwortet hat?" Nein! Gott antwortete auf absolut *greifbare* Weise. Das Feuer fiel wirklich. Es ließ sogar das Wasser verdunsten! Da war nichts „Vergeistigtes" daran. Es war ein

Beweis schierer Macht. Das war mehr als nur ein Aufflackern im Geist; das war eine alles verzehrende Flamme!

Vielen von uns ist es nicht angenehm, die Macht Gottes derart zu betonen. Wir ziehen das sanfte, ruhige, weiche und innere Wirken Gottes vor. Wir sind wie die ultra-reichen Feinschmekker, die auf vornehme Parties gehen, um dort das zu essen, was als köstliche Delikatesse gilt – aber in Wirklichkeit sind es schäbige Reste und Abfälle. Der Chefkoch klatscht einen halben Liter eines undefinierbaren, faden Gebräus mit einem französisch klingenden Namen auf einen Teller – und der gepflegte Gast nennt das dann exquisit. Also, was mich angeht, ziehe ich doch ein saftiges Steak entschieden vor. *Gebt mir etwas, das Substanz hat.*

Selbstverständlich gibt es einen Ort für das sanfte, ruhige, weiche und innere Wirken Gottes. (Lesen Sie nur einmal 1. Könige 19,1-13.) Insgesamt geschehen sogar oft die wichtigsten Dinge, die Gott in unserem eigenen Leben oder in unseren öffentlichen Meetings tut, auf eine solch sanfte, ruhige, weiche und innere Weise. Aber letztlich muß es einen Beweis dafür geben, daß Gott gehandelt hat; es muß eine greifbare Veränderung und eine greifbare Antwort geben. Sonst haben wir uns selbst getäuscht.

Schluß mit unserer geistlichen Rhetorik. Schluß mit unserem erhabenen Geschwätz. Wenn Paulus heute hier wäre, würde er „nicht das Wort, sondern die Kraft [von uns] Aufgeblasenen kennenlernen. *Denn das Reich Gottes ‹besteht› nicht im Wort, sondern in Kraft*" (1. Korinther 4,19-20). Was für Kraft haben wir?

Wenn jemand krank ist, können wir dann das Gebet des Glaubens mit greifbaren Ergebnissen beten? Wenn die Besessenen zu uns gebracht werden, flieht der Feind dann wirklich auf unseren Befehl hin? Gibt es konkrete Hinweise darauf, daß unsere geistliche Kampfführung auch tatsächlich greift? Wenn wir zu Gott schreien, antwortet er uns dann mit Feuer – *irgend* eine Art von Feuer? Bringt unsere Predigt oder unser Zeugnis *jemals* Menschen in tiefe Überführung? Wo ist unsere Kraft im Herrn?

Wenn der Herr wirklich in unseren *Herzen* wirkt, wo kein menschliches Auge hinein sieht, sind wir dann auch in der Lage, auf die Veränderung in unserem *Leben* zu weisen, die sichtbar vor aller Augen liegt? Werden wir ganz offensichtlich Jesus ähnlicher? Zügeln wir unser Temperament, beherrschen wir unsere fleischlichen Begierden, und zeigen wir die Freude und den Frieden im Herrn? Schreiten wir in Langmut und Barmherzigkeit voran, geben wir unser Leben hin für die Verlorenen? *In das Bild des Sohnes Gottes verändert zu werden, ist alles andere als abstrakt.* Wir werden so aussehen, wie er – was den Charakter anbelangt – und werden tun, was er tat:

> ... der umherging und wohltat und alle heilte, die vom Teufel überwältigt waren; denn Gott war mit ihm. (Apostelgeschichte 10,38)

Ist Gott auch mit uns?

Erinnern Sie sich daran, Gott ist der eigentliche „Täter des Wortes".

> Mein Vater wirkt bis jetzt [sagte Jesus zu seinen Gegnern], und ich wirke. (Johannes 5,17)

Könnten Sie sich auch nur vorstellen, der Herr sei faul? Und dennoch sind wir *in seinem Namen* sehr oft nachlässig.

Selbstverständlich hat er Gefallen daran, daß wir die massenhaften, oberflächlichen Versatzstücke des Evangeliums abgelehnt haben, die im Westen so allgegenwärtig sind. Er lobt unsere Sensibilität und er ehrt unsere Ehrlichkeit. Er freut sich, daß wir allem Ehrgeiz sterben wollen, um von jedem äußerlichen, zielorientierten Leben völlig frei zu sein. Aber, ganz im Gegensatz zu so vielen Pastoren, die ihre Stärke aus ihrem Fleisch beziehen, sind wir oft so beschäftigt damit zu sterben, daß wir nicht länger handeln! Wir sind vom fleischlichen Extrem, alles tun zu müssen (und zwar ohne die Salbung Gottes), in das pseudo-geistliche Extrem verfallen, gar nichts zu tun – angeblich *wegen* der Salbung Gottes.

Geschwister, das kann nicht sein. Eine wahrhaft geistliche Person wird immer ein Täter des Wortes sein, in ihrem Verhalten und ihrem Charakter, in ihrem Wort und ihrem Zeugnis, in Wundern und in Macht. Jesus tat nur, was er den Vater tun sah (Johannes 5,19), und was für ein Leben des Tuns er führte! Bei den

Aposteln war es ganz genau so. Wie Smith Wigglesworth einmal sagte: „Die Taten der Apostel wurden nur aufgeschrieben, weil sie etwas taten."[40] Gott erwartet auch von uns zu handeln – und unsere Augen dabei fest auf ihn gerichtet zu halten, nur seinem Befehl und Willen zu folgen, ausgerüstet mit seinen Waffen aus der Höhe.

Einige werden jetzt mit Sicherheit sagen: „Ich stimme ja alle dem zu, was du sagst. Aber was können wir denn jetzt schon tun? Wir sind eben *noch nicht* vollständig ausgerüstet, und wenn wir für neue Seelen beten und anfangen, unsere Umgebung mit dem Evangelium zu durchdringen, dann werden wir mehr Schaden anrichten, als irgendwem etwas Gutes zu tun. Unser Zeugnis ist einfach noch zu mangelhaft."

Auch das kann eine große Täuschung sein. Unser Zeugnis wird nie perfekt sein, und wir werden niemals perfekt ausgerüstet sein. Und es ist doch wirklich so, daß die meisten von uns, die wir heute gerettet sind, die Frucht von einem bereitwilligen, aber bei weitem nicht perfekten, Christen sind. Was hindert uns daran, ebenso kostbare Frucht hervorzubringen? Haben wir etwa nichts Wunderbares, elementar Wichtiges, was wir jedem Sünder heute anbieten können, auch wenn die Gemeinden des Westens gerade in einem wirklich beklagenswerten Zustand sind?

Was wäre gewesen, wenn die Menschen, die Sie zum Herrn geführt haben, sich entschieden hätten, lieber noch darauf zu warten, Jesus ähnlicher zu werden, anstatt Ihnen Zeugnis zu geben? Was wäre gewesen, wenn sie so abgeklärt, so einfühlsam und so „taktvoll" gewesen wären (wie viele von uns das heute sind), daß sie niemals mit Ihnen über ihren Glauben geredet hätten? Wo wären Sie heute?

Oh ja, wir wollen ja auch wirklich alles ganz genau richtig machen. Wir sind so darauf bedacht, daß alles stimmt. Aber es ist besser zu leben als „zu stimmen". Wie es Bruder Andrew, „der Schmuggler Gottes" einmal sagte:

Es ist leichter, einen Fanatiker abzukühlen als einen Leichnam aufzuwärmen.

Es ist besser, wenn der Herr uns in unserem Eifer bremsen muß, als daß er uns erst mühsam aus unserer Lethargie erwecken muß!

Es stimmt, daß manche von Furcht vor Täuschung zurückgehalten werden. Schließlich gibt es viele falsche Wunder, trügerische Zeichen und Wundertaten, Scharlatane, Hochstapler und falsche Lehrer sowohl innerhalb wie außerhalb des Leibes Jesu, oder etwa nicht? „Wir müssen vorsichtig sein", warnen einige. Außerdem werden immer unsere Irrlehren jagenden Brüder wie geistliche Wachhunde zur Stelle sein, die uns vor drohendem Irrtum warnen – sobald wir nur ein Jota von ihren selbstpostulierten Lehrmeinungen abweichen, Lehren, die sowohl viele der großen Leiter in der Kirchengeschichte disqualifizieren würden, als auch einen Großteil des Dienstes, den Jesus hier auf der Erde hatte!

Diese übereifrigen Hüter des Glaubens, so gut und so ernst sie es meinen, sind schnell bei der Hand, wenn es darum geht, extravagante charismatische Show-Prediger zu entlarven, deren Lehre die Stabilität eines Wolkenkratzers hat, der auf einem Fundament von Wackelpudding errichtet ist. Die Warnung Jesu aus Matthäus 7,22 kommt ihnen da sehr schnell von den Lippen:

> Viele werden an jenem Tag zu mir sagen: Herr, Herr! Haben wir nicht durch *deinen* Namen geweissagt und durch *deinen* Namen Dämonen ausgetrieben und durch *deinen* Namen viele Wunderwerke getan? Und dann werde ich ihnen bekennen: Ich habe euch niemals gekannt. Weicht von mir, ihr Übeltäter!

Aber anscheinend haben sie die Worte vergessen, die Jesus in Markus 9,38-40 an seine Jünger richtete, als er sie dafür tadelte, einen Mann davon abzuhalten, Dämonen in seinem Namen auszutreiben, weil er nicht „zu ihnen" gehörte.

> Jesus aber sprach: Wehrt ihm nicht, denn es ist niemand, der ein Wunder in meinem Namen tun und bald darauf schlecht von mir reden kann. Denn wer nicht gegen uns ist, ist für uns. (Verse 39-40)

Vielleicht gehört er nicht „zu uns", vielleicht tut er die Dinge nicht so, wie wir sie normalerweise tun, oder er entspricht nicht unseren Erwartungen, oder folgt nicht unseren Traditionen, gehört nicht zu unserer Denomination oder Gruppe, oder vielleicht hält er sich auch nicht völlig an unsere allerheiligsten Lehren, aber wenn er nicht „gegen uns" ist, dann ist er „für uns"! (Ich weiß, für einige klingt das hier nicht präzise genug, aber ich wiederhole nur, was der Meister gesagt hat.)

Ja, die Lehre ist wichtig. Absolut! Sie ist wirklich elementar. Aber wer sagt uns denn, daß jedes Detail dessen, was Sie oder ich glauben, ganz genau richtig ist? Wer sagt denn, daß Ihre Gemeinde (oder meine) den Zustand der vollkommenen Erkenntnis erlangt hat? Nur arrogante oder unreife (oder dumme) Menschen werden sagen: „Meine gesamte Lehrmeinung – und nur meine – ist richtig. Du hast recht, wenn du mit mir übereinstimmst."

Aber dennoch fürchten sich einige von uns so sehr, gegen „*die Norm*" zu verstoßen (dabei ist es doch oft gerade die Norm, die falsch ist), daß wir geistlich steckenbleiben und ersticken. Das ist nicht der Geist Gottes! *Gott steckt seine Kinder doch nicht in Zwangsjacken.* Er verabscheut und haßt tote Orthodoxie.

Leider ist aber gerade diese „Orthodoxie" in unseren Tagen wieder stark im Kommen. Es ist die Reaktion der Traditionalisten auf „Geist-erregte" Torheit. (Auch die ist gerade ganz stark im Kommen!) Diese sorgfältigen Kritiker, die so erdrückend korrekt sind, rechtfertigen ihren „Dienst" im Namen „biblischer Genauigkeit" und „geistlicher Reife". Aber in Wirklichkeit hängt sich doch ein großer Teil ihrer Kritik an Stilfragen auf. Und wer sagte denn, daß *ihr* Stil der richtige ist?

Michal gefiel Davids Stil nicht:

> Und es geschah, als die Lade des HERRN in die Stadt Davids kam, schaute Michal, die Tochter Sauls, aus dem Fenster. Als sie nun den König David vor dem HERRN hüpfen und tanzen sah, da verachtete sie ihn in ihrem Herzen ... Michal aber, die Tochter Sauls, bekam kein Kind bis zum Tag ihres Todes. (2. Samuel 6,16.23)

Vielleicht gab es ja eine natürliche Erklärung für Michals Unfruchtbarkeit; wahrscheinlich ist David ihr für den Rest ihres Lebens nicht mehr nahe gekommen! Aber da gibt es auch eine geistliche Lektion zu lernen: Ein kritischer, richtender Geist wird niemals Frucht bringen! Er ist verflucht, in seiner eigenen, kleinen Welt zu verharren, alle anderen niederzumachen und jämmerlich dabei zu versagen, wenn es darum geht, den Herrn groß zu machen.

> Es gibt nur wenige Anblicke, die trauriger sind, als der eines alten Mannes, der seine Generation und seine Nützlichkeit überdauert hat, der aber aus irgend einem Grund noch ausharrt und jeden Diener Gottes, der für den Moment an herausragender Stelle im Reich Gottes steht, wie demütig er auch sein mag, mit verkrusteter Mißbilligung anstarrt (A. W. Tozer).[41]

Manche sind bereits vor unserer Zeit alt und verkrustet geworden. *Stagnierte Heilige fangen sehr bald an zu stinken.*

Die simple Wahrheit ist, daß wir den Vater dadurch verherrlichen, *indem wir viel Frucht bringen,* und uns so als wahre Jünger Jesu erweisen (Johannes 15,8). Was der Herr den Aposteln sagte, gilt uns ganz genau so:

> *Ihr* habt nicht mich erwählt, sondern *ich* habe euch erwählt und euch ‹dazu› bestimmt, daß ihr *hingeht und Frucht bringt* [und das schließt sehr viel mehr ein, als nur die Frucht des Geistes] und eure Frucht bleibe, damit, was ihr den Vater bitten werdet in meinem Namen, er euch gebe. (Johannes 15,16)

Wo ist *unsere* bleibende Frucht? Wo haben *wir* uns als die Jünger des Herrn erwiesen? *Die Zeit für Ausreden ist endgültig vorbei.*

Aber für alle, die ehrlich vor sich selbst sind, für alle, die sich von ihrem alten Elitedenken lösen und sich mitten ins Getümmel stürzen, für alle, die ohne Unterlaß den Gott in der Fürbitte bestürmen, der immer noch mit Feuer antwortet – für sie hat die Zeit des heiligen Handelns gerade erst begonnen!

Der Schrei zu Gott, der aus unseren Kehlen aufsteigt, entspricht dem Gewicht *der Last auf unserem Herzen.*

Joseph Caryl

Unaussprechliches Seufzen ist oft ein unwiderstehliches Gebet.

Charles H. Spurgeon

Die höchste Gefahr des Nachlassens besteht für uns nicht in den größten *sondern in den* längsten *Mühen.*

Andrew Fuller

Gott ist nicht wie die Menschen, die große Versprechungen machen, sie dann aber, sei es durch Unfähigkeit oder Sorglosigkeit oder Treulosigkeit, nicht einlösen; sondern er wird so treu zu uns stehen wie Sein Wort.

Matthew Pool

Die höchste Not des Menschen ist die Gelegenheit Gottes. Jesus wird dann kommen, um uns zu befreien, wenn seine hilfsbedürftigen Kinder seufzen, als wäre alle Hoffnung auf ewig verloren.

Charles H. Spurgeon

Ich bete niemals länger als ein halbe Stunde ... [Aber] ich verbringe niemals mehr als eine halbe Stunde ohne Gebet.

Smith Wigglesworth

Lange Zeit außerhalb der herrlichen Gegenwart Jesu zu verbringen, ist wie zwei Tode und zwei Höllen für mich. Wir müssen Gemeinschaft haben. Ich kann nicht ohne ihn sein.

Samuel Rutherford

Es gibt nichts, was man irgend benötigen könnte, das man nicht in ihm fände.

Robert Murray M'Cheyne

Jesus sagt: Tröstet euch, ihr würdet mich nicht suchen, hättet ihr mich nicht gefunden.

Blaise Pascal

Kapitel Zwölf

Sucht Ihn, bis ...

Verzehrt sich Ihr Herz nach mehr von Gott? Gibt es da eine tiefe Sehnsucht in Ihnen, die nicht mehr durch eine guten Gottesdienst, eine gesalbte Botschaft oder eine aufregende Manifestation einer geistlichen Gabe gestillt werden kann? Ist der Schrei Ihrer Seele: „Herr, wie lange noch?" Haben Sie den Punkt erreicht, nicht nur einmal, sondern immer wieder, an dem Sie fühlen, daß Sie nicht mehr weiterleben können, ohne die Herrlichkeit Gottes zu sehen? Hungern Sie nach mehr von Jesus?

Das Volk Israel wurde in Ägypten versklavt. Ihr Leben war erfüllt von Mangel und Leid, und sie waren ohne jede Hoffnung.

> ... Und die Söhne Israel seufzten wegen ‹ihrer› Arbeit und schrien um Hilfe. Und ihr Geschrei wegen der Arbeit stieg auf zu Gott. Da hörte Gott ihr Ächzen, und Gott dachte an seinen Bund mit Abraham, Isaak und Jakob. Und Gott sah nach den Söhnen Israel, und Gott kümmerte sich um sie. (2. Mose 2,23-25)

Wieviel Zeit verging? Zehn Jahre? Zwanzig Jahre? Vierzig Jahre? Wieviel Geschrei stieg auf zum Himmel? Wie viele Seufzer erreichten das Herz Gottes? Wie viele israelitische Mütter weinten sich selbst des Nachts in den Schlaf? Wie viele Kinder fragten sich: „Kannten unsere Vorväter Gott wirklich?" Wie viele starke Männer beteten unter Tränen – bis die Tränen sich in Bitterkeit und Verzweiflung verwandelten?

Aber der Herr war die ganze Zeit aufmerksam! Die ganze Zeit schon hatte er gehört! Kein einziges Gebet war umsonst gewesen. Kein Seufzer kam über die Lippen, und keine Träne wurde vergossen, ohne daß sich unser himmlischer Vater darum kümmerte, ohne daß er sagte: „Bald." Und als die Antwort dann schließlich kam, da war die göttliche Reaktion auf Generationen von Verzweiflung und Leid absolut überwältigend in ihrer ehrfurchtsgebietenden Herrlichkeit:

> Denn frage doch nach den früheren Tagen, die vor dir gewesen sind, von dem Tage an, als Gott den Menschen auf der Erde geschaffen hat, und von einem Ende des Himmels bis zum anderen Ende des Himmels, ob ‹je› eine solch große Sache geschehen oder ob dergleichen gehört worden sei. Hat ‹je› ein Volk die Stimme Gottes mitten aus dem Feuer reden hören, wie *du* sie gehört hast, und ist am Leben geblieben? – Oder hat ‹je› ein Gott versucht hinzugehen, um sich eine Nation mitten aus einer ‹anderen› Nation zu holen durch Prüfungen, durch Zeichen und durch Wunder und durch Krieg und mit starker Hand und mit ausgestrecktem Arm und durch große Schreckenstaten nach allem, was der HERR, euer Gott, in Ägypten vor deinen Augen für euch getan hat? (5. Mose 4,32-34)

So etwas wie der Auszug aus Ägypten war noch niemals zuvor geschehen. Noch niemals zuvor hatte der Herr seinen heiligen Arm derart entblößt. Noch niemals zuvor hatte es eine solche Manifestation der Herrlichkeit Gottes gegeben. Aber er wird, gemäß dem Zeugnis des Wortes unseres Gottes und bestätigt durch das tiefe Zeugnis im Herzen so vieler seines Volkes, etwas noch größeres in unseren Tagen tun! Wir müssen ihn suchen, bis die Antwort kommt, bis Erweckung explodiert, bis die Heimsuchung erfolgt, bis das Werk getan ist. Früher können wir nicht aufhören.

> Erbittet euch von dem HERRN Regen zur Zeit des Spätregens! Der HERR ist es, der die Wetterwolken macht, er läßt den Regen regnen, er gibt einem jeden Brot, Kraut auf dem Feld. (Sacharia 10,1)

> Säet euch nach Gerechtigkeit! Erntet gemäß der Gnade! Brecht euch einen Neubruch! *Es ist Zeit, den HERRN zu suchen, damit er kommt und euch Gerechtigkeit regnen läßt.* (Hosea 10,12)

Hebt die Hände hoch, die jetzt so schwach herab hängen, durch Glaube und Gebet; stärkt die wankenden Knie. Habt ihr Tage des Fastens und Betens? Bestürmt den Gnadenthron und haltet aus darin, und Gnade und Barmherzigkeit werden herabfließen (John Wesley).[42]

Das ist die entscheidende Anforderung in dieser Stunde. Wir müssen den Gnadenthron bestürmen, uns dem Vater mit Zuversicht nahen, uns mit Zähigkeit an seine Verheißungen klammern, und glauben, daß er das auch tun wird, was er sagt. „Herr, gibt uns eine Ausgießung in unseren Tagen!"

[Jesus] sagte ihnen aber auch ein Gleichnis dafür, daß sie allezeit beten und nicht ermatten sollten. (Lukas 18,1)

Denn Ausharren habt ihr nötig, damit ihr, nachdem ihr den Willen Gottes getan habt, die Verheißung davontragt. (Hebräer 10,36)

Laßt uns aber im Gutestun nicht müde werden! [Gibt es irgend etwas, das wir tun können, das besser wäre als zu beten?] Denn zur bestimmten Zeit werden wir ernten, wenn wir nicht ermatten. (Galater 6,9)

Aber manchmal ist es schon sehr entmutigend! Vor einigen Jahren gab ich ein Telefon-Interview live in einem christlichen Radiosender in Los Angeles, und ich sprach mit dem Moderator über den fürchterlichen Zustand der Gemeinde in Amerika und wie dringend wir Erweckung brauchten. Als die Telefonleitungen dann freigegeben wurden, damit die Zuhörer anrufen konnten, war es sehr bald zu bemerken, daß sich ein Thema wie ein roter Faden durch die Anrufe hindurch zog: „Ich dachte immer, ich wäre der einzige, der so denkt. Ich dachte, ich sei verrückt. Wie kommt es, daß diese berühmten Fernseh-Pastoren nie ihre Leere bekennen? Warum ist unsere Leiterschaft nicht so zerbrochen?"
Und dann rief eine Frau an. Sie sagte, daß sie seit *mehr als 15 Jahren* zu Gott geschrien hatte, um mehr von seiner Gegenwart

zu empfangen. Sonst ging sie immer zutiefst frustriert aus der Gemeinde nach Hause, und sie seufzte und weinte vor dem Herrn im Gebet. Sie wußte, daß es richtig war, was sie fühlte, aber wie so viele andere war sie sich ihrer selbst nicht sicher. Schließlich gingen sie und ihr Mann zum Pastor. „Wir wollen mehr von Gott", sagten sie. „Wir haben ein Programm", antwortete der Pastor. „Gehen Sie woanders hin." Und das war eine angeblich „geisterfüllte" Gemeinde!

Aber was diese Frau und ihren Mann angeht, und was viele von Ihnen angeht, die sich nach der Herrlichkeit Gottes *sehnen*, da möchte ich Sie ermutigen. Der Herr hat Ihre Gebete gehört! Der Herr hat Ihre Tränen gesehen! Der Herr steht kurz davor, zur Tat zu schreiten! In der Tat können wir die ersten Bewegungen bereits erkennen. Der geistliche Hunger steigt. Gemeinschaftliches Gebet für Erweckung verbreitet sich über den ganzen Westen. Das Volk Gottes hat endlich gesagt: „Genug ist genug." Und, Gott sei Dank, es wird immer klarer. Eine große Erschütterung geht durch unser Land!

Pastoren, die Jahre lang nur noch die leere Form erfüllten, ohne je irgend welche Fragen zu stellen – sie erfüllten ihre Aufgaben, setzen neue Pläne um, sahen, wie ihre Gemeinden wuchsen, vertieften ihre Fähigkeiten im Dienst – sie sind nun an einem Punkt der heiligen Unzufriedenheit gekommen. Zusammen mit Oswald Chambers während seiner großen Zeit der Suche rufen sie nun aus: „Wenn das, was ich hier habe, alles ist, was es an Christentum gibt, dann ist das ganze ein großer Schwindel!"[43]

Gläubige, die Jahre lang für alle möglichen guten Werke eifrig waren und kaum jemals irgend eine Beschwerde geäußert haben – die niemals die Sonntagsschule versäumten, treu waren in ihrer täglichen Stillen Zeit, an ihrem Arbeitsplatz Zeugnis gaben, das Wort Gottes zusammen als Familie lasen – sie hinterfragen jetzt ihre Erfahrung mit Gott. „Da muß es doch noch mehr geben", sagen sie. Und ich glaube, das ist genau das, was Sie auch sagen! Das ist das Werk des Geistes. *Jetzt ist die Zeit, am Ball zu bleiben.*

Stellen Sie sich vielleicht die gleichen Fragen, die sich K. P. Yohannan stellte, der Präsident der Organisation Gospel for Asia, ein Mann, der für die Mission lebte?

... Was ist nun mit dem ungeheuer weit gespannten Netz an christlichen Aktivitäten, das hier im Westen nur allzu oft unser Herz, unsere Hände und Gedanken beschäftigt? Beweist unser hektisches und gestreßtes Leben etwa nicht unsere Frömmigkeit? Ich kann all das nicht betrachten, ohne mir die entscheidende Frage zu stellen, wo nämlich diese gegenwärtige Welle von Aktivismus eigentlich ihren Ursprung hat.

Wird sie das Feuer des Gerichts überstehen? Ist sie das Werk unserer Hände und unseres Egos, oder entspringt sie dem Herzen Jesu? Wenn dein christlicher Dienst heute beendet würde, hätte das irgend eine Auswirkung auf die Ewigkeit?[44]

Der Herr möchte, daß Ihr Leben zählt. Was ist das Maximum, das er durch Sie tun könnte?

Vor vielen Jahren schrieb James Gilmour, ein Missionar in der Mongolei, die folgenden durchdringenden Fragen nieder:

Verlassen wir uns in unseren Tagen nicht allzu sehr auf den Arm des Fleisches? Können etwa nicht die gleichen Wunder heute geschehen, wie in den vergangenen Zeiten? Schweifen die Augen des Herrn etwa nicht auch heute noch über die ganze Erde, um sich für diejenigen stark zu erweisen, die ihr Vertrauen auf ihn setzen? Oh daß Gott mir doch mehr praktisches Vertrauen auf ihn selbst schenke! Wo ist denn nun der Herr, der Gott des Elia? Er wartet darauf, daß Elia ihn anruft.[45]

Liebe Gläubige, liebe Pastoren und Evangelisten, liebe Mitarbeiter im Herrn: Denken Sie sich keine neuen Pläne aus! Schuften Sie sich nicht die Finger wund! Reagieren Sie nicht im Fleisch! *Nein.* Suchen Sie den Herrn. Halten Sie an im Gebet. Strecken Sie sich aus nach dem lebendigen Gott. Er wird seinen Marschbefehl deutlich machen!

Wie lange sollten Sie ihn suchen? *Suchen Sie ihn, bis* – bis die tiefste Sehnsucht in Ihrem Herzen gestillt ist, bis er Ihr Leben mit seiner Gegenwart heimgesucht und Sie mit seiner Kraft gesalbt hat, bis Sie ein lebendiges Zeugnis für die Herrlichkeit Gottes sind. *Suchen Sie ihn, bis ...*

Für diejenigen unter Ihnen, die genug von den zwielichtigen Politikern und den seichten Predigern haben, *suchen Sie ihn, bis.* Wenn Sie von anti-moralischen Erziehern verletzt und von unmoralischen Evangelisten gestochen wurden, *suchen Sie ihn, bis.* Für diejenigen von Ihnen, die den Schmerz über so viele abgetriebene Babys und eine solche Menge an totgeborenen Gläubigen nicht länger ertragen können, *suchen Sie ihn, bis.* Wenn Sie am Ende Ihrer Fahnenstange angekommen sind und die Grenzen ihrer eigenen Kraft erreicht haben, *suchen Sie ihn, bis.* Suchen Sie ihn, bis er erscheint! Suchen Sie ihn, bis er kommt!

> Junglöwen darben und hungern, aber die den Herrn suchen, entbehren kein Gut. (Psalm 34,11)

> Auf dich vertrauen, die deinen Namen kennen; denn du hast nicht verlassen, die dich suchen, HERR. (Psalm 9,11)

Ihr ernsthaftes Gebet macht wirklich einen Unterschied!

Die großen Umwälzungen, die wir heute auf der ganzen Erde und in der Gemeinde beobachten können, sind zum größten Teil auf die Gebete der Heiligen zurückzuführen. In der Offenbarung können wir lesen:

> Und ein anderer Engel kam und stellte sich an den Altar, und er hatte ein goldenes Räucherfaß; und es wurde ihm viel Räucherwerk gegeben, damit er es für die Gebete aller Heiligen auf den goldenen Altar gebe, der vor dem Thron ist. Und der Rauch des Räucherwerks stieg mit den Gebeten der Heiligen auf aus der Hand des Engels vor Gott. Und der Engel nahm das Räucherfaß und füllte es von dem Feuer des Altars und warf es auf die Erde; und es geschahen Donner und Stimmen und Blitze und ein Erdbeben. (Offenbarung 8,3-5)

Treues Gebet hat eine steigernde Wirkung. Wir wissen nicht ganz genau, warum das so ist. Wir müssen auch nicht immer jede Einzelheit über die Vorgänge im geistlichen, unsichtbaren Bereich wissen, oder welcher Geist jetzt „gebunden" und welcher „gelöst" werden muß. Der Schlüssel, über den wir Bescheid wissen müssen, ist die Tatsache, daß es einen Kampf gibt, um uns von unseren Knien abzuhalten, und daß wir berufen sind, „den guten Kampf des Glaubens" (1. Timotheus 6,12) zu kämpfen. Mit anderen Worten, wenn man die ganzen fortgeschrittenen Techniken der geistlichen Kampfführung einmal beiseite läßt: Geben Sie nicht nach! Hören Sie nicht auf zu glauben! Lassen Sie nicht nach, in zuversichtlicher Erwartung zu beten! Es geschieht immer etwas, wenn Sie beten.

Wenn in dem Gleichnis Jesu ein ungerechter, gottloser Richter letzten Endes einer hilflosen, aber beharrlichen Witwe ihre Bitte gewährt, dann – so lehrt der Herr:

> ... sollte er das Recht seiner Auserwählten *nicht* ausführen, *die Tag und Nacht zu ihm schreien,* und sollte er es bei ihnen lange hinziehen? Ich sage euch, daß er ihr Recht ohne Verzug ausführen wird. Doch wird wohl der Sohn des Menschen, wenn er kommt, den Glauben finden auf der Erde? (Lukas 18,7-8)

Der Kampf geht um Ihren Glauben. *Beharrliches Gebet ist das letztlich entscheidende Schlachtfeld.*

Die Puritaner hatten das Konzept der sich ansammelnden Wirkung von Gebet verstanden. Sie hatten erkannt, daß die grossen Dinge, die großartigen Pläne Gottes nicht ohne langfristiges und hingegebenes, gemeinschaftliches und individuelles Gebet in Existenz kommen würden. Israel würde ohne solches Gebet niemals gerettet werden. Die Welt würde niemals evangelisiert werden. Die Gemeinde würde niemals fleckenlos rein werden. Eine kurze, im Vorübergehen hingeworfene Bitte oder flüchtiger Schwarm an Fürbitten würde solche Dinge niemals bewirken. Aber kein einzige Gebet des Glaubens ist jemals umsonst gesprochen worden.

Hören Sie einmal auf den puritanischen Autor Thomas Goodwin:

Es gibt einen gemeinsamen Schatz der Gemeinde, nicht ihrer Verdienste, sondern ihrer Gebete. Es sind Flaschen, die mit Tränen gefüllt werden, gefüllte Gefäße, die zur Zerstörung der Feinde Gottes ausgegossen werden. Und was für eine Sammlung an Gebeten es in den vergangenen Zeiten für dieses Ziel gegeben hat! Und vielleicht ist dies auch ein Grund, weshalb Gott solch großartige Dinge gegen das Ende der Welt hin tun wird, eben weil es solch eine gewaltige Ansammlung an Gebeten aus allen Zeitaltern gibt, deren Antwort jetzt ausgegossen wird.[46]

Was für ein Gegenmittel gegen Entmutigung! Wir können auf *ganze Generationen* des Gebets für nationale und internationale Erweckung aufbauen. Diese Gebete sind bereits zum Thron Gottes aufgestiegen und mit dem Feuer des himmlischen Altars gemischt worden. Die Gefäße der aufbewahrten Tränen sind nahe am Bersten!

Kein Volk ist dem Ende jemals näher gewesen als wir. Keine Generation an Gläubigen hatte jemals mehr Gebete und mehr Fürbitte, die ergangen waren, *noch bevor wir jemals unseren Mund geöffnet oder unsere Herzen vor Gott ausgeschüttet hatten*, als unsere Generation. Der „Donner" und die „Stimmen" (erinnern Sie sich an Offenbarung 8) können bereits jetzt gehört werden. Eine große Bewegung hat bereits begonnen. *Jetzt* – nicht morgen, nicht wenn unsere Kinder und Enkel erwachsen sind, nicht wenn wir alle tot und begraben sind – sondern *jetzt* ist die Zeit, am Ball zu bleiben! Das Szenario um uns herum ist so noch nie dagewesen. Wie tragisch wäre es, in diesem Moment auszuscheiden!

In den 1930er Jahren sprach der Herr zu einem japanischen Missionar in der Mandschurei, nach Hause zurückzukehren und die Gläubigen aufzurufen, für drei Dinge zu beten: (a) daß das jüdische Volk wieder in seiner Heimat als eine Nation versammelt würde; (b) daß Jerusalem wieder in jüdische Herrschaft übergehen würde; (c) daß Jesus, der Messias, wiederkehre. Die ersten beiden haben sich bereits ereignet. Und das dritte wird mit Sicherheit folgen! *Wenn es jemals eine Zeit gab, um durchzuhalten, dann jetzt.*

Zweifelsohne ist unsere Nation in einem ganz elenden Zustand. Zweifelsohne wird die Welt insgesamt immer finsterer. Zweifelsohne stolpert unsere ganze Rasse von einer Katastrophe zur nächsten. Die Not war niemals größer. Aber dies ist nicht die Zeit für Depression und hoffnungslose Verzweiflung. Es ist die Zeit, daß die Gemeinde endlich zur Gemeinde wird: die lebendige Verkörperung des Sohnes Gottes, „die Fülle dessen, der alles in allen erfüllt" (Epheser 1,23). Es ist Zeit, daß der Herr sich selbst Herrlichkeit schafft! Er wird durch jeden einzelnen von uns verherrlicht. Wie Catherine Booth sagte: „Die Flut steigt, aber ich ebenfalls! Ich gehe nicht unter, sondern darüber!"

> Darum ‚richtet auf die erschlafften Hände und die *gelähmten Knie*‘ [Könnte diese Stelle eine doppelte Bedeutung haben? Könnte es ein Aufruf zu mehr Gebet sein?] und ‚macht gerade Bahn für eure Füße!‘, damit das Lahme nicht abirre, sondern vielmehr geheilt werde. (Hebräer 12,12-13)

Die Welt, ob sie es nun weiß oder nicht, zählt auf Sie und mich. Es gibt keine andere Quelle wahrer Heilung neben dem Volk Gottes.

Natürlich ist die Aufgabe, die hier vor uns liegt, unmöglich. Und ob wir gegen die Verbreitung von Pornographie kämpfen, oder ob wir daran arbeiten, den Hunger in der Welt zu stillen, ob unsere Last der Weltmission oder der Evangelisation zu Hause gilt, ob es unser Dienst ist, Kranke zu heilen oder Drogenabhängige frei zu machen, es gibt nur einen Ort, an den wir gehen können: Auf eure Knie, ihr Heiligen! Auf euer Angesicht, ihr Kinder Gottes! In eure Gebetskammer, ihr heiligen Fürbitter! Sucht sein Angesicht beständig (vgl. Psalm 105,4). Sucht ihn mit Tränen (vgl. Hebräer 5,7). Suchen Sie ihn ernstlich:

> Gott, mein Gott bist du; nach dir suche ich. Es dürstet nach dir meine Seele, nach dir schmachtet mein Fleisch in einem dürren und erschöpften Land ohne Wasser. (Psalm 63,2)

Hungern und dürsten Sie nach Gott. Sehnen Sie sich nach ihm mit einem liebeskranken Herzen. Lassen Sie es in Ihrem Gebetsleben erkennen, daß Sie ohne mehr – radikal mehr – von Gott nicht leben können und wollen.

Wie wird er antworten?

Denn er hat die durstende Seele gesättigt, die hungernde Seele mit Gutem gefüllt. (Psalm 107,9)

Die Sanftmütigen werden essen und satt werden; es werden den HERRN loben, die ihn suchen ... (Psalm 22,27)

Wie von Mark und Fett wird meine Seele gesättigt werden, und mit jubelnden Lippen wird mein Mund loben. (Psalm 63,6)

Sie blickten auf ihn und strahlten, und ihr Angesicht wird nicht beschämt. (Psalm 34,6)

Es mögen fröhlich sein und sich freuen an dir alle, die dich suchen; es mögen stets sagen: „Groß ist der HERR!", die dein Heil lieben. (Psalm 40,17)

Unser Gott wird niemals versagen!

Und hier ist die Verheißung unseres Vaters, eine persönliche Einladung direkt vom Thron:

Und sucht ihr mich, so werdet ihr ‹mich› finden, ja, fragt ihr mit eurem ganzen Herzen nach mir, so werde ich mich von euch finden lassen, spricht der HERR. (Jeremia 29,13-14)

Gibt es irgend etwas, das Sie zurückhält? Antworten Sie mit dem Schreiber der Psalmen im Glauben:

Mein Herz erinnert dich: „Suchet mein Angesicht!" – dein Angesicht, HERR, suche ich. (Psalm 27,8)

Ich werde dich suchen, bis du wiederkommst!

Ich sehne mich danach, daß der Herr uns voll und ganz mit einem unauslöschlichen Eifer für die Seelen der Menschen erfüllt.

Charles H. Spurgeon

Kein Christ befindet sich in einem gesunden Zustand, wenn er nicht auf irgend eine Weise danach trachtet, Seelen zu Christus zu führen.

C. H. Mackintosh

Ich bekümmerte mich nicht, wo und wie ich lebte, oder welche Leiden ich erduldete, nur um Seelen für Christus zu gewinnen. Während ich schlief, träumte ich von solchen Dingen, und sobald ich morgens erwachte, war mein ganzes Denken darauf ausgerichtet, Seelen für Christus zu gewinnen ... Mein ganzes Sehnen gilt der Bekehrung von Sündern, und all meine Hoffnung ist in Gott.

David Brainerd

Es gibt kein Buch der „Beschlüsse der Apostel"; aber auf Grund der geistlichen Kraft und des Triumphes des Evangeliums gibt es ein Buch der „Taten der Apostel".

The Marechale
(älteste Tochter von William Booth)

Sowohl Griechen als auch Nichtgriechen, sowohl Weisen als auch Unverständigen bin ich ein Schuldner. Dementsprechend bin ich, soviel an mir ist, willig, auch euch, die ihr in Rom seid, das Evangelium zu verkündigen ... Denn wenn ich das Evangelium predige, so habe ich keinen Ruhm, denn ein Zwang liegt auf mir. Denn, wehe mir, wenn ich das Evangelium nicht verkündigte!

Paulus (Römer 1,14-15; 1. Korinther 9,16)

Kapitel Dreizehn

Es geht um Seelen!

Die Gemeinde im Westen muß eine schwerwiegende Entscheidung treffen. Wir müssen uns den harten, nackten Tatsachen stellen. *Es ist zu spät für unsere Nation!* Es ist zu spät für moralische Reformen; zu spät für soziale Veränderungen; zu spät für eine Rückkehr zur „guten alten Zeit" – wenn sich die Sünder nicht massenweise bekehren. Sonst gibt es keine Hoffnung mehr.

Wir haben bereits zu lange versucht, gottlose Menschen fromm zu machen, ohne sie dabei von ihren Sünden abzukehren. Wir haben versucht, die Unmoralischen moralisch zu machen, durch Worte, Aktionen und Abstimmungen. Aber das wird nicht funktionieren! Es kann gar nicht funktionieren! Wer sich an das Böse gewöhnt hat, *kann* das Gute gar nicht tun, wenn der Herr ihm nicht ein neues Herz schenkt. Es geht hier um die Seelen von verlorenen Männern und Frauen. Wir müssen ihnen nachjagen. Das ist die Berufung der Gemeinde.

Warum sollen wir dann überhaupt den Mund aufmachen? Warum sollten wir vor Abtreibungskliniken protestieren? Was bringt es, für einen moralischen Standard einzustehen? Warum sich mit dem weltlichen Schulsystem anlegen? Das ist alles Teil des Evangeliums. Es ist ein Teil unserer Aufgabe, das Salz der Erde und das Licht der Welt zu sein (Matthäus 5,13-16); die Stimme des Gewissens in einer verderbten Gesellschaft zu sein (Philipper 2,14-16); die Gottlosen mit dem Standard Gottes zu konfrontieren. Und dennoch ist all dies nur *ein Teil* des Evangeliums. *Wir sind dazu berufen, Menschenfischer zu sein* (Matthäus 4,19; Lukas 5,10). Jetzt ist die Zeit des Erwachens!

Jahrelang haben wir auf die Regierung vertraut. Wir hatten immer gehofft, der Präsident würde uns die Stange halten, die richtigen Beauftragten für den Obersten Gerichtshof würden dazu beitragen, den Strom der Ungerechtigkeit einzudämmen, eine politisch aktive Gemeinde würde unsere Nation wieder Gott zuwenden. Aber wir haben uns getäuscht! *Wir haben auf das Fleisch vertraut.* Bei unserem Kampf für die religiösen Rechte haben wir ein ganz unterschwelliges Bekenntnis abgelegt: „Wir vertrauen Menschen." Aber die Regierung kann uns nicht retten! Nur Jesus kann retten. Und er muß unsere Botschaft sein.

Oh ja, wir *sollten* unsere Rechte ausüben und zur Wahl gehen. Wir *sollten* uns mit den Lehrern unserer Kinder treffen und an unsere gewählten Abgeordneten schreiben. Wir *sollten* um Gnade für unsere Nation beten (auch wenn das beste Gebet, das wir zur Zeit beten können, das Gebet aus Habakuk 3,2 ist: „Im Zorn gedenke des Erbarmens.").

Wie können wir diese Dinge *nicht* tun? Wie können wir unsere Stimme *nicht* gegen die aggressive homosexuelle Propaganda erheben? Wie können wir *nicht* für die Kandidaten stimmen, die für die Wahrheit kämpfen werden? (Wenn es gut ist, für die Errettung der gewählten Regierungsbeamten zu *beten*, wenn sie erst einmal im Amt sind [1. Timotheus 2,1-4], warum sollten wir dann nicht gottesfürchtige Kandidaten in ihr Amt *wählen*?) Wir sind nicht dazu berufen, uns einfach niederzulegen und zu sterben. Wir müssen aufstehen für das, was richtig ist.

Aber genau an diesem Punkt haben so viele von uns versagt. Wir können nicht erwarten, daß radikale Feministinnen, gewalttätige Abtreibungs-Befürworter, haßerfüllte Rassisten, überzeugte weltliche Humanisten oder gedemütigte sexuell Perverse auf unseren Ruf nach mehr Moral reagieren. Das wäre ja, als ob Satan plötzlich Mitleid zeigen würde oder es einem Dämon leid täte. Das wird so niemals geschehen. Unsere einzige Hoffnung, und die einzige Hoffnung für unser Land, ist es, daß diese gottlosen Sünder von Neuem geboren werden. Sie brauchen eine Herzensveränderung. Ihr Sinn ist zerrüttet und durch und durch verdorben.

Warum sie dann überhaupt noch konfrontieren? Und wieder ist die Antwort sehr einfach: Es ist Teil unseres Zeugnisses. Es ist Teil der Botschaft Jesu: Stellen Sie die Sünde des Sünders bloß, und sagen Sie ihm dann, daß es einen Ausweg gibt. Zeigen Sie ihm seine Schuld, und weisen Sie ihm den Weg zur einzigen Pforte der Hoffnung. Er muß erkennen, daß er *verloren* ist, und dann sagen Sie ihm, wie er gerettet werden kann. Aber erwarten Sie nicht, daß er das Licht erkennt oder die Maßstäbe Gottes für sein Leben annimmt, wenn seine Seele nicht bekehrt ist. *Die Bekehrung der Verlorenen muß unser Ziel sein.*

Oh ja, es gibt noch andere Gründe, warum wir unsere Stimme für Frömmigkeit und gute moralische Standards erheben. Zum einen, wenn wir dies nicht tun, wird alles nur noch schlimmer. Es wird keine moralische Stärke mehr vorhanden sein, um das Böse zurückzuhalten, keine Stimme des Gewissens, die den Anstieg der Perversion verlangsamen könnte, kein Trend nach oben, um dem Abrutschen zu widerstehen. Und zum anderen können wir durch unsere Aufopferung immer noch denjenigen das Leben retten, die nicht für sich selbst kämpfen können. Drittens sind wir verpflichtet, die Sünder vor dem kommenden Gericht zu warnen. So werden sie keine Entschuldigung mehr haben. Viertens, wenn wir die uns von Gott gegeben Rechte nicht gebrauchen, dann werden wir niemandem die Schuld zuschieben können, wenn diese Rechte einmal alle verschwinden, wenn die Regierung das Predigen des Evangeliums für illegal erklärt und es verbietet, die Bibel zu Hause zu lesen. Nein, wenn wir heute nicht aufstehen und unseren Platz nicht einnehmen, dann werden wir uns morgen winden und buckeln.

Aber so viele von uns sind in Verwirrung gefallen! Weil wir so viel unserer Energie und Kraft darauf verwendet haben, die Standards und Gesetze in unserem Land zu beeinflussen, haben wir ganz vergessen, daß wir ohne Jesus, ohne das Eingreifen Gottes, ohne eine Bewegung des Heiligen Geistes lediglich mit dem Wind kämpfen. „Das Fleisch nützt nichts", lehrte Jesus (Johannes 6,63; er sprach hier von menschlichen, natürlichen Anstrengungen). Allein der „Geist [ist] Leben".

Und dennoch haben wir den Kampf im Fleisch geführt. Wir haben irgendwie gedacht, daß menschliche Anstrengung den Willen Gottes vollbringen könnte. Niemals! „Was aus dem Fleisch geboren ist, ist Fleisch, und was aus dem Geist geboren ist, ist Geist" (Johannes 3,6). Allein der Geist kann das Werk vollbringen. Allein der Geist kann Leben für die Ewigkeit verändern. Wir brauchen den Dienst des Heiligen Geistes. Was wir heute so dringend benötigen, ist geistgeleitetes, geistgesalbtes und geistbefähigtes Beten, Predigen und Zeugnisgeben. Nur das kann unser Land erschüttern.

Denken Sie einmal darüber nach, was wir getan haben. Als Kandidaten für das Abgeordnetenhaus gewählt wurden, die Befürworter von Abtreibungen waren, haben wir getrauert. (Und das war auch richtig so.) Als der Oberste Gerichtshof das Urteil im Fall *Roe gegen Wade* nicht aufhob, waren wir enttäuscht. (Und das mit gutem Grund.) Als Präsident Clinton *an seinem zweiten Tag im Amt* ein Gesetz unterzeichnete, das die gängige Abtreibungspraxis radikal vereinfachte, haben wir geklagt. (Welcher echte Gläubige würde das nicht tun?) Aber was hätten wir denn anderes erwarten können? Unsere Prediger haben unsere Gesellschaft nicht zur Verantwortung gezogen, von unseren Kanzeln haben keine Alarmglocken geläutet, unsere Gemeinden haben kaum Einfluß auf ihre Städte, und ganz persönlich haben wir nicht unseren „Wandel unter den Nationen gut [geführt], damit sie, worin sie gegen [uns] als Übeltäter reden, aus den guten Werken, die sie anschauen, Gott verherrlichen am Tage der Heimsuchung" (1. Petrus 2,12). Und dort, wo das Evangelium verkündet wurde, ist es weitgehend abgelehnt worden. Es ist doch ganz klar, daß alles um uns herum in die Brüche geht! Unsere Nation hat Gott verlassen, und er hat uns verlassen. Es gibt nur noch eine Möglichkeit für uns.

Es ist an der Zeit, eine Änderung unserer Strategie vorzunehmen. Wir müssen einen neuen Standpunkt einnehmen. Ohne Rückzug, ohne Zugeständnisse, ohne Aufgeben, ohne dabei an Boden zu verlieren, müssen wir einen Entschluß fassen: Kein vergebliches Hoffen auf die Hilfe von Menschen mehr! Nicht länger auf den Arm des Fleisches vertrauen! Schluß mit dem Anspruch auf eine Sonderbehandlung auf Grund des gesegneten Erbes unserer Nation! Keine Verehrung unserer Verfassung mehr! Es ist an der Zeit, das Wort zu erheben. Es ist an der Zeit, das Evangelium zu predigen. Es ist an der Zeit, den Verlorenen nachzugehen. Es ist an der Zeit, sich auszustrecken und dazugezählt zu werden. Laßt uns durch das Kreuz in unserem Land den Unterschied machen! Unsere Stärke liegt nicht darin, wen wir in der Kongresshalle kennen, sondern wen wir an den himmlischen Örtern kennen. Wir vertrauen auf den Retter, nicht auf die Regierung! „Glaubt an Gott und nicht an das Parlament!" Das ist auf jeden Fall ein Satz, der auf die evangelikalen und charismatischen Gemeinden im Westen paßt.

Soziales Engagement ist gut und wichtig; aber geistliches Engagement ist besser. (Es geht dabei nicht um „entweder – oder"; ich spreche hier von *Prioritäten*.) Unterschriftenaktionen haben ihren Ort. (Erinnern Sie sich noch an das Vorwort zu diesem Buch?) Auf der Straße zu predigen kann diesen Ort erschüttern! Abstimmungen sind eine Sache; Zerbrochenheit eine völlig andere. Das Begehren von organisiertem Protest erreicht die zentralen Korridore des Weißen Hauses; die Stimme inbrünstigen, herzzerreißenden Gebetes erreicht den Thron Gottes! Wen wollen wir eigentlich beeinflussen? Wessen Gunst begehren wir am meisten?

Der Herr hat mehr Interesse an der wahren Gemeinde als an der Politik. Echter Hunger nach Erweckung zählt bei ihm mehr als das Repräsentantenhaus. Christen haben für ihn mehr Gewicht als Kongressmitglieder. Wir müssen unser Gewicht nur dahin verlagern, wo es wirklich zählt!

Anstatt zu versuchen, die Heiden in unsere Moralvorstellungen hinein zu pressen, sollten wir sie in den Dienst hineinbeten. Anstatt alle Anstrengungen zu unternehmen, daß blinde Sünder die Dinge mit unseren Augen sehen, sollten wir sie evangelisieren, bis sie *den* Weg erkennen. Fürbitte ist besser als Einschüchterung. Fasten ist effektiver als Kämpfen. Weinen bewirkt mehr als Wählen. Das einzige, was wirklich zählt, ist *Gott* zu berühren. Dann können wir die Welt anrühren, und die Welt anrühren müssen wir unbedingt!

... Geht hin in alle *Welt* ... (Markus 16,15)

Denn so hat Gott die *Welt* geliebt ... (Johannes 3,16)

Und er ist die Sühnung für unsere Sünden, nicht allein aber für die unseren, sondern auch für die *ganze Welt*. (1. Johannes 2,2)

Daß Gott ... die Welt mit sich selbst versöhnt hat, ihnen ihre Übertretungen nicht zurechnete und in uns das Wort von der Versöhnung gelegt hat. So sind wir nun Gesandte an Christi Statt, indem Gott gleichsam durch uns ermahnt; wir bitten für Christus: Laßt euch versöhnen mit Gott! (2. Korinther 5,19-20)

Was für eine unglaubliche Berufung! Was für ein herrliches Vorrecht! Wir sind die Gesandten des Messias und Herrn! Der lebendige Gott macht seinen Aufruf *durch uns.*

Und leben wir danach? Ist das unser Motiv und Beweggrund? Ist es das, was unsere Taten auslöst und unser Verhalten anpaßt? Haben wir einen Blick dafür, daß wir die irdischen Repräsentanten Jesu sind, seine auserwählten Werkzeuge, seine erklärten Botschafter, seine handverlesenen Gesandten? Werden wir von *seiner* Mission bestimmt und getrieben?

Der Retter der Welt lebt jetzt sein Leben durch uns. Er gibt seinem Herzen für die Menschheit durch uns Ausdruck. Er, der für Seelen lebte, blutete, starb und auferstand – für die Verlorenen, die Gottlosen, die Sünder, die Verderbten – er ruft uns, seinem Beispiel nachzufolgen. „Werdet Menschenfischer!"

Aber was geistliche Aktivitäten angeht, da sind wir dann so verinnerlicht! Ein solch großer Teil unserer geistlichen Energie dreht sich einzig und allein um uns selber. Unsere Gemeindeprogramme und Dienste orientieren sich an einer Mentalität von „Segne mich, hilf mir, gib mir Seelsorge, tröste mich". Wir lieben diese christlichen Talkshows, die uns einen *Blick nach Innen* gewähren. Wir verschlingen die Bücher über innere Heilung, die uns den *Blick zurück* nahelegen. Aber der Heilige Geist drängt uns, den *Blick nach Außen* zu wenden.

Siehe, ich sage euch: Hebt eure Augen auf und schaut die Felder an! Denn sie sind schon weiß zur Ernte. (Johannes 4,35b)

Und dennoch sind wir wie Nomadenherden, die weiterziehen, um nach frischer Weide zu suchen, und so ziehen wir von Gemeinde zu Gemeinde, von Dienst zu Dienst; uns gefällt die Anbetung hier nicht, wir sind dort vom Jugendpastor frustriert, der Mangel an Liebe stößt uns fast überall auf, und wir sind immer von jeder Botschaft beleidigt, die es wagt anzudeuten, daß etwas mit uns nicht stimmen könnte. Und während dieser ganzen Zeit gehen jede Minute kostbare Seelen verloren! Wie sehr dadurch das Herz des Retters verletzt wird.

Gegen Ende des letzten Jahrhunderts predigte William Booth bei einer Reihe von drei großen Abendveranstaltungen in der Stadthalle von Sydney in Australien.

Am Ende des letzten Gottesdienstes in der Stadthalle, als sie dem alten Mann alle zu dem Erfolg des Tages gratulierten, wandte er sich ihnen zu und sagte: „Das sind nicht die Leute, für die ich Tausende von Meilen gereist bin, um sie zu erreichen. Wo waren die Betrunkenen und die Prostituierten? Wo waren die verlorenen Schafe?" So erschöpft, wie er gewesen sein muß, kam er doch zu den Menschen, denen er sein Herz und seine Seele und sein Leben gegeben hatte ...

Es wurde ein weiterer Gottesdienst angekündigt. Er sollte um Mitternacht desselben Tages stattfinden, aber diesmal im Saal der Heilsarmee, der in einem völlig anderen Stadtteil lag. (Stellen Sie sich nur einmal vor, einer unserer modern, hochbezahlten, geschniegelten, professionellen Evangelisten würde so etwas tun!) Einer Christin, deren Leben durch die Ereignisse des Abends völlig verändert wurde, gelang es, in den überfüllten Saal hineinzukommen.

Und welch ein Anblick! Zu Hunderten war hier der Abschaum von Sydneys Straßen versammelt – Prostituierte, Betrunkene, Opiumhändler und Konsumenten, in ihrem ganzen Elend und ihrer Verlorenheit. Und zu ihnen sprach nicht der großartige Anführer einer Weltarmee, ein General einer großen bewaffneten Truppe, sondern ein eher sanfter Vater, ein Liebender, der sein Herz in Erbarmen und Liebe geöffnet hatte, um sie zurück in die Welt des Lichts und des Lebens zu bringen.[47]

Das ist die erste und wichtigste Aufgabe der Gemeinde! *Das* ist es, was Gott salben wird: ein leidenschaftliches, brennendes, selbstloses Gewinnen von Seelen mit zerbrochenen Herzen, das Jesus groß macht! Wie Booth selber seine Gefolgsleute beschwor: „Es geht um Seelen! Jagt ihnen nach! Und seht dabei auf die Schlimmsten."

Das wird mit Sicherheit die Selbstzufriedenen erschüttern.

Wenn heute irgendeine Kraft in meinem Dienst liegt, dann liegt das einzig und allein daran, daß Gott alle Anbetung in meinem Herzen hat, all meine Willenskraft und allen Einfluß in meinem Leben.

William Booth

Laß den Heiligen Geist jede Kammer deines Herzens erfüllen; so wird es keinen Raum für Torheit geben, noch für die Welt, noch für Satan oder das Fleisch.

Robert Murray M'Cheyne

Der wahrhafte Nachfolger Jesu wird niemals fragen: „Was wird es mich kosten, wenn ich diese Wahrheit annehme?" Sondern er wird vielmehr sagen: „Das ist die Wahrheit. Der Herr helfe mir, darin zu wandeln, komme, was da wolle!"

A. W. Tozer

Ich werde mein Leben bis zum letzten Moment in den finsteren Löchern und Höhlen der Erde verbringen, wenn das Reich Gottes dadurch gebaut wird.

David Brainerd

Laßt Feuer, das Kreuz, über mir freigelassene wilde Tiere, das Brechen meiner Knochen, Zerreißen meiner Glieder, das Schinden meines ganzen Leibes und die Qualen der Teufel über mich kommen; laßt es geschehen, [daß] ich Christus gewinne.

Jeremiah Burroughs

Hilarianus, der [römische] Kommandant, ... sagte zu mir: „Habe Erbarmen mit dem grauen Haupt deines Vaters; habe Erbarmen mit deinem kleinen Sohn. Bring das Opfer für das Wohlergehen des Kaisers dar." „Ich werde das nicht tun", erwiderte ich. „Bist du eine Christin?" fragte Hilarianus. Und ich sagte: „Ja, das bin ich." Als mein Vater nicht aufhörte zu versuchen, mich davon abzubringen, befahl Hilarianus, daß er auf den Boden geworfen und mit einem Stock geschlagen werden sollte. Vater tat mir leid, wie wenn ich selbst geschlagen worden wäre. Dann fällte Hilarianus das Urteil über uns alle: Wir wurde dazu verurteilt, von den wilden Tieren [öffentlich zerrissen und verschlungen zu werden], und wir kehrten frohen Mutes ins Gefängnis zurück ... (Das sind die Worte einer 22 Jahre alten stillenden Mutter, kurz vor ihrem Märtyrertod.)

Perpetua

Ich habe nur eine Leidenschaft; und das ist er, er allein.

Nicholas L. Zinzendorf

Kapitel Vierzehn

Radikale Treue, schonungslose Liebe

2. Mose 32 beschreibt die Geschichte vom goldenen Kalb. Nur wenige Monate vor diesem tragischen Vorfall waren die Israeliten Sklaven in Ägypten gewesen. Sie hatten mit eigenen Augen gesehen, wie der Herr seine mächtige Hand und seinen ausgestreckten Arm bewegt hatte. Sie waren Zeugen von Zeichen und Wundern, der Plagen und der Gerichte, des Todes der Erstgeborenen und der Teilung des Roten Meeres gewesen. Und dann, nur einige Wochen vor den Ereignissen, die in 2. Mose 32 geschildert werden, hatten sie gesehen, wie die Herrlichkeit Gottes den Berg Sinai bedeckte, und das ganze Volk – jeder einzelne von ihnen – hatte die Stimme des Allmächtigen gehört:

> Ich bin der HERR, dein Gott, der ich dich aus dem Land Ägypten, aus dem Sklavenhaus herausgeführt habe. Du sollst keine anderen Götter haben neben mir. – Du sollst dir kein Götterbild machen ... Denn ich, der HERR, dein Gott, bin ein eifersüchtiger Gott ... (2. Mose 20,1-5)

Die Zehn Gebote waren ergangen und Mose stieg auf den Berg, um dort 40 Tage und 40 Nächte vor dem Herrn zu sein. Er war entrückt in dieser übernatürlichen Gegenwart, so daß er während der gesamten Zeit weder aß noch trank. *Er vernahm fast sechs Wochen am Stück die hörbare Stimme Gottes.* Aber, wie 2. Mose 32 berichtet:

> Als nun das Volk sah, daß Mose säumte, vom Berg herabzukommen, versammelte sich das Volk zu Aaron, und sie sagten zu ihm: Auf! Mache uns Götter, die vor uns herziehen! Denn dieser Mose, der Mann, der uns aus Ägypten

heraufgeführt hat, – wir wissen nicht, was ihm geschehen ist.

Die Israeliten machten sich ein Götzenbild! Sie schufen sich einen anderen Gott. Sie brachen bereits die ersten Bedingungen des Bundes. Sie gingen innerhalb nur weniger Tage vom Auszug zur Abgötterei über. Wie entsetzlich pervers und treulos. Ist so etwas nicht schier unglaublich?
Dann stieg Mose vom Berg herab.

Und es geschah, als Mose sich dem Lager näherte und das Kalb und die Reigentänze sah, da entbrannte der Zorn Moses, und er warf die Tafeln aus seinen Händen und zerschmetterte sie unten am Berg. Dann nahm er das Kalb, das sie gemacht hatten, verbrannte es im Feuer und zermalmte es, bis ‹es› feiner ‹Staub› war, und streute es auf die Oberfläche des Wassers und gab es den Söhnen Israel zu trinken. (2. Mose 12,19-20)

Können Sie Moses Entrüstung spüren? Können Sie den Schock in seiner Seele und den Horror in seinem Herzen fühlen? Er war aus der Intimität mit Gott zum Götzendienst gekommen, aus der Gemeinschaft zur Fleischlichkeit, aus der Herrlichkeit zur Sinnlichkeit, von unbeschreiblicher Schönheit zu unaussprechlichem Verrat. Selbstverständlich verspürte er heiligen, leidenschaftlichen Zorn. Sein Herz war vom Feuer Gottes und vom Feuer *für* Gott entflammt.

Als nun Mose sah, daß das Volk zuchtlos war, denn Aaron hatte es zuchtlos werden lassen zur Schadenfreude ihrer Gegner, da trat Mose in das Tor des Lagers und rief: Her zu mir, wer für den HERRN ist! Daraufhin versammelten sich bei ihm alle Söhne Levis. Und er sagte zu ihnen: So spricht der HERR, der Gott Israels: Ein jeder lege sein Schwert an die Hüfte! Geht im Lager hin und zurück, von Tor zu Tor, *und erschlagt jeder seinen Bruder und seinen Freund und seinen Verwandten!* Die Söhne Levis nun handelten nach dem Wort des Mose; und es fielen vom Volk an jenem Tag etwa dreitausend Mann. (2. Mose 32,25-28)

Das ist die Art von radikaler Treue, die Gott im Alten Testament forderte! *Erschlagt euren Bruder, Freund und Verwandten –* euer eigenes Fleisch und Blut, euren besten Freund, mit dem ihr aufgewachsen seid, oder den netten, hilfsbereiten Nachbarn von nebenan, den ihr so gut kennt – wenn sie den Herrn verraten haben. Ansonsten wird ihr Götzendienst die gesamte Gemeinschaft zerstören.

Darauf sagte Mose: Weiht euch heute für den HERRN – denn jeder ‹von euch ist› gegen seinen Sohn und gegen seinen Bruder ‹gewesen› – um heute Segen auf euch zu bringen! (2. Mose 32,29)

Daraus müssen wir etwas lernen! Es gibt eine neutestamentliche Anwendung für dieses alttestamentliche Gebot. Wir müssen dem Herrn ebenso treu sein, wie die Leviten ihm treu waren. Es darf keinen Konkurrenten zu unserer Treue dem Herrn gegenüber geben. Die Hingabe an ihn – an seinen Charakter, seinen Willen und sein Wort – muß all unsere Hingabe an andere Menschen, andere Wünsche und andere „Götter" *völlig* übertreffen. Er will nicht weniger als unser *ganzes* Herz, unsere *ganze* Seele, unseren *ganzen* Sinn.

Im Alten Bund waren die Gläubigen aufgerufen, die Feinde Gottes durch das Schwert zu vernichten. Das hat sich im Neuen Bund radikal verändert.

Da spricht Jesus zu [Petrus]: Stecke dein Schwert wieder an seinen Ort! Denn alle, die das Schwert nehmen, werden durchs Schwert umkommen. (Matthäus 26,52)

Die Gläubigen unter dem Neuen Bund sind *nicht* berufen, das Schwert oder ein Gewehr gegen ihre geistlichen Feinde zu richten. Christlicher Aktivismus darf *nicht* zu gewaltsamen Mitteln greifen. Aber wir müssen jegliche Art von geistlicher Untreue, jeden Hinweis auf Kompromißbereitschaft, jeden Gedanken, der gegen die Herrlichkeit Gottes gerichtet ist, in unseren Herzen *vollständig auslöschen*. Wir müssen den Werken der Finsternis Gewalt antun. Wir müssen uns *ganz und gar* auf die Seite des Lichts stellen. So unverbrüchlich soll unsere Bündnistreue dem Herrn gegenüber sein! Das sollte der Maßstab für jeden Gläubigen sein.

Steht es wirklich so um unsere Hingabe an Gott? Hassen wir die Sünde wirklich so sehr? Aber genau das ist unsere geistliche Berufung.

> Und der einen, die zweifeln, erbarmt euch [Zweifel können ein Zeichen von Schwäche sein, nicht Sündhaftigkeit], rettet sie, indem ihr sie aus dem Feuer reißt, der anderen aber erbarmt euch mit Furcht – *indem ihr sogar das vom Fleisch befleckte Kleid haßt*! (Judas 22 – 23)

Wir sollen aus unserer Zuflucht hervor kommen (vgl. Psalm 91), erfüllt von heiliger Leidenschaft für ein Volk, das in die Hölle geht, und unsere Herzen sollen sich *vollständig* mit dem Herzensanliegen unseres Gottes *identifizieren*. Seine Last muß unsere Last werden, seine Perspektive unsere Perspektive, sein Wille unser Wille. Er muß unser Leben sein. Alles und jeder andere, der unsere Herzen zur Sünde verführen oder uns von Gott abbringen möchte, muß mit absolut klaren Worten radikal zurückgewiesen werden. „Ich bin ein Diener des Herrn, und ich diene ihm allein!" Das bedeutet radikale Treue.

Und das ist die Art von Treue, die Jesus verlangt:

> Meint nicht, daß ich gekommen sei, Frieden auf die Erde zu bringen; ich bin nicht gekommen, Frieden zu bringen, sondern das Schwert. Denn ich bin gekommen, den Menschen zu entzweien mit seinem Vater und die Tochter mit ihrer Mutter und die Schwiegertochter mit ihrer Schwiegermutter; und des Menschen Feinde ‹werden› seine eigenen Hausgenossen ‹sein› [Micha 7,6]. Wer Vater oder Mutter mehr liebt als mich, ist meiner nicht würdig; und wer Sohn oder Tochter mehr liebt als mich, ist meiner

nicht würdig; und wer nicht sein Kreuz aufnimmt und mir nachfolgt, ist meiner nicht würdig. (Matthäus 10,34-38)

Alles und jeder andere kommt an zweiter Stelle. Jesus steht an erster Stelle. Es ist sogar so, daß er an erster und an letzter Stelle steht. (Lesen Sie Hebräer 12,2 und Offenbarung 1,17.) *Es gibt keinen Raum für irgend etwas, das ihm seine Stellung streitig macht.*

Nun verstehen Sie mich bitte jetzt nicht falsch. Ich sage nicht, daß Sie Ihren unbekehrten Ehepartner loswerden oder Ihre ungläubigen Eltern hinauswerfen sollen. Ich empfehle Ihnen hier nicht, eine Haltung von „Ich bin heiliger als du" gegenüber der Gemeinde und der Welt einzunehmen. Aber wozu ich Sie *wirklich* ermahne – nein, das Wort mahnt Sie – ist dem Herrn so treu zu sein, ihm so hingegeben zu sein, so in ihn verliebt zu sein, daß Sie ihn nie, niemals verraten werden; daß Sie ihm nie, niemals den Rücken kehren; daß Sie sich nie, niemals auf die Seite der Sünde stellen; daß Sie sich nie, niemals auf Kompromisse mit der Welt einlassen; daß Sie es nie, niemals zulassen, daß sich Familie, Freunde oder Bekannte zwischen Sie und Ihren Herrn drängen.

> Die Liebe sei ungeheuchelt! Verabscheut das Böse, haltet fest am Guten! [... seid] ... im Feiß nicht säumig, brennend im Geist; dem Herrn dienend. (Römer 12,9.11)

Wenn wir uns selbst in unserem heiligsten Glauben auferbauen, indem wir im Heiligen Geist beten (Judas 20), und wenn wir uns in der Liebe Gottes erhalten (Judas 21), dann werden wir selbst das „vom Fleisch befleckte Kleid" hassen (Judas 23). Dann können wir die Welt mit heiligem Erbarmen, das mit Furcht gemischt ist, herausfordern.

Das Problem von so vielen von uns ist, daß wir den Sündern mit einer absolut oberflächlichen Gerechtigkeit begegnen. Das kommt daher, daß unsere Beziehung zu Gott nur knöcheltief ist! Wir sagen die richtigen Worte, aber es kommt keine Überführung. Wir benutzen die richtigen Formeln, aber sie haben keinen Tiefgang. Selbst wenn wir die Bibel zitieren, klingt es oft hohl.

Und all das, weil wir nicht radikal treu sind! Unser Zeugnis ist mangelhaft und unsere Liebe gleichgültig.

Es gibt keine billige Erlösung. Hören Sie einmal auf George Stormont, einen Freund und Biographen von Smith Wigglesworth:

> Der Herr gießt seine Barmherzigkeit nicht auf die gleiche Weise in uns hinein, wie wir Benzin in unsere Autos gießen. Sie wird in unserem Geist freigesetzt, wenn wir mit dem Heiligen Geist erfüllt sind und beständig in der Gegenwart Jesu bleiben. Das bedeutet, von Gott erfüllt zu sein. Es war das beständige Gebet von Wigglesworth, von seinem Selbst entleert und von Gott erfüllt zu sein.
>
> Die Hauptquelle seiner Barmherzigkeit war so zu fühlen, wie Christus fühlte.[48]

Das ist eine allumfassende, alles verlangende Berufung! Aber hat der Herr es jemals von irgend jemandem verlangt, ihn von halbem Herzen zu lieben? Hat er das Gebot „Du sollst den Herrn, deinen Gott, lieben aus deinem ganzen Herzen und aus deiner ganzen Seele und aus deinem ganzen Verstand und aus deiner ganzen Kraft" jemals zurückgenommen (Markus 12,39)?

Hat Jesus jemals weniger als alles verlangt? Wie viel von Ihnen und von mir hat sein kostbares Blut denn erkauft? Ist für uns vollständig bezahlt worden oder nur teilweise?

> Oder wißt ihr nicht ... daß ihr nicht euch selbst gehört? Denn ihr seid um einen Preis erkauft worden. Verherrlicht nun Gott mit eurem Leib! ... Ihr seid um einen Preis erkauft. Werdet nicht Sklaven von Menschen! (1. Korinther 6,19-20; 7,23)

Durch das Kreuz ist uns die Welt gekreuzigt und wir sind der Welt gekreuzigt (Galater 6,14). Laßt uns dieses gekreuzigte Leben so führen, als wären wir tatsächlich daran *festgenagelt*: unerschütterlich, unbeweglich, unnachgiebig, treu dem Herrn!

Hören Sie sich dieses wunderbare Zitat an, das von Charles Spurgeon überliefert wurde:

In einem der Briefe von Samuel Rutherford bin ich einer außergewöhnlichen Schilderung begegnet, wie die Kohlen des göttlichen Zorns auf des Haupt Christi fallen, damit keine davon auf sein Volk falle. „Und dennoch", so sagt er, „wenn eine dieser Kohlen von seinem Haupte auf das meine fallen sollte und mich ganz verzehrte, und wenn ich spürte, daß sie ein Teil der Kohlen war, die auf ihn gefallen waren und ich sie für ihn und in Gemeinschaft mit ihm trug, so würde ich sie anstatt des Himmels wählen."[49]

Für Rutherford war der Himmel nicht die Straße aus Gold noch das gläserne Meer; er war nicht Engelschöre noch der Strom des Lebens. Der Himmel war die intime Gemeinschaft mit dem Sohn Gottes, teil zu haben an seinem Leben, ebenso wie an seinem Schmerz und Tod. Auch Paulus war so vom Herrn Jesus ergriffen, daß er „die Gemeinschaft seiner Leiden" ebenso wie „die Kraft seiner Auferstehung" in seinem Leben bejahte (Philipper 3,10). Und das ist die Geisteshaltung all derer, deren Herzen von der Schönheit und Herrlichkeit des Königs bezaubert sind.

Extremismus sollte der normale Maßstab für Christen sein. Jeden Tag, wenn wir uns die Nachrichten ansehen, erkennen wir, daß die Sünde überaus sündig ist. Sie kann nur durch herausragende Liebe, Hoffnung, Freude und Selbstaufgabe besiegt werden. Gott selbst gibt ohne jedes Maß ... (Richard Wurmbrand).

Wurmbrand erzählt eine Geschichte, die in den chinesischen Gemeinden sehr bekannt ist: Nachdem der inhaftierte chinesische Christ, Pastor Fang Cheng, treu alle Folter überstanden hat, wird er erneut zum Verhör geschleppt. Er sieht ein Bündel Lumpen in Ketten, das in einer Ecke kauert. Es ist seine Mutter! Ihr Haar ist weiß geworden, ihr Angesicht grau. Cheng, der zutiefst erschüttert ist, soll die Zehn Gebote aufsagen und wird unterbrochen, als er zu „Ehre Vater und Mutter" kommt.

„Sagen Sie uns alles, was Sie über Ihre Glaubensbrüder wissen und ich verspreche Ihnen, daß Sie und Ihre Mutter heute Abend noch freikommen. Dann werden Sie in der Lage sein, sie zu ehren und zu versorgen. Lassen Sie mich sehen, ob Sie wirklich an Gott glauben und seine Gebote zu erfüllen wünschen."

Es ist nicht leicht, eine solche Entscheidung zu treffen. Cheng wendet sich seiner Mutter zu: „Mama, was soll ich tun?"

Die Mutter antwortet: „Ich habe dich von Kindesbeinen an gelehrt, Jesus und seine heilige Gemeinde zu lieben. Kümmere dich nicht um mein Leiden. Strebe danach, dem Herrn und seinen kleinen Brüdern treu zu bleiben. Wenn du sie verrätst, bist du nicht mehr mein Sohn."

Es war das letzte Mal, daß Fang Cheng seine Mutter sah. Es ist wahrscheinlich, daß sie unter der Folter starb.[50]

Das ist radikale Treue in Aktion! Aber da gibt es noch etwas, zu dem wir berufen sind. Man kann es wohl am Besten mit schonungsloser Liebe beschreiben.

Wenn dein Bruder, der Sohn deiner Mutter, oder dein Sohn oder deine Tochter oder die Frau an deinem Busen oder dein Freund, der dir wie dein Leben ist [Lesen sie nicht rasch über diese Worte hinweg! Denken Sie sorgfältig über diese Leute nach: „Wenn dein Bruder, der Sohn deiner Mutter, oder dein Sohn oder deine Tochter oder die Frau an deinem Busen oder dein Freund, der dir wie dein Leben ist"], dich heimlich verführt, indem er sagt: Laß uns gehen und anderen Göttern dienen! – die du nicht gekannt hast, ‹weder› du noch deine Väter, von den Göttern der Völker, die rings um euch her sind, nahe bei dir oder fern von dir, vom einen Ende der Erde bis zum anderen Ende der Erde –, dann darfst du ihm nicht zu Willen sein, und ... nicht auf ihn hören ... (5. Mose 13,7-9)

Und viele von uns fallen genau an dieser Stelle! Wir lassen uns von menschlichem Druck verführen und von irdischer Freundschaft einfangen. Die Anziehung von Menschen und die Zugkraft des Fleisches sind bisweilen zuviel für unsere halbherzigen geistlichen Entscheidungen. Aber der Herr sagt nicht nur: „Du darfst ihm nicht zu Willen sein und nicht auf ihn hören." Nein. Da gibt es mehr.

> [Du sollst ihn] nicht schonen noch Mitleid ‹mit ihm› haben [Erinnern Sie sich, um wen es hier geht!], noch ihn decken [Wer von uns würde nicht versuchen, jemanden zu schonen oder zu decken, den wir sehr lieben? Aber der Herr sagt nein!], sondern du sollst ihn unbedingt umbringen. *Deine Hand soll zuerst gegen ihn sein, ihn zu töten*, und danach die Hand des ganzen Volkes. *Und du sollst ihn steinigen, daß er stirbt.* Denn er hat versucht, dich vom HERRN, deinem Gott, abzubringen, der dich herausgeführt hat aus dem Land Ägypten, aus dem Sklavenhaus. (5. Mose 9-11)

Das ist schonungslose Liebe! „Deine Hand soll zuerst gegen ihn sein, ihn zu töten ... denn er hat versucht, dich vom HERRN, deinem Gott, abzubringen." In dem Moment, in dem irgend jemand – sei es der Ehemann oder die Ehefrau, die wir so sehr lieben; unsere lieben, kostbaren Kinder, die Frucht unseres eigenen Leibes; oder unsere engsten und vertrautesten Freunde – versucht, uns von Gott abzubringen, *in dem Moment werden sie unsere geistlichen Feinde.* (Aber erinnern Sie sich daran, wir sollen unsere Feinde lieben, wir sollen ihnen niemals Schaden zufügen oder gar danach streben, sie zu zerstören.)

Hat Jesus nicht *Satan* als denjenigen entlarvt, der Petrus dazu anstiftete zu sagen: „Herr, du wirst niemals an das Kreuz gehen!" (Vgl. Matthäus 16,21-22.)

> ... Geh hinter mich, Satan! Du bist mir ein Ärgernis, denn du sinnst nicht auf das, was Gottes, sondern auf das, was der Menschen ist. (Matthäus 16,23)

Sollten wir etwa nicht jeden Vorschlag, *unser* Kreuz nicht auf uns zu nehmen, als satanisch erkennen?

Selbstverständlich dürfen wir dabei nicht herumgehen und Menschen „Satan" nennen und uns der Illusion hingeben, daß jeder, der nicht mit uns übereinstimmt, unser Feind ist. Wir dürfen aber auch nicht dem Verfolgungswahn anheimfallen, oder Eiferer der „Wir allein sind der heilige Überrest"-Gruppe sein, die sich darin sonnen, stets recht zu haben. Das ist sowohl gefährlich als auch heuchlerisch. Aber wir müssen die gleiche *Haltung* haben, wie sie in 5. Mose 13 beschrieben wird. Wir müssen Gott genug lieben, so daß wir, *wären wir Heilige des Alten Testaments gewesen*, und jemand, den wir sehr liebten, hätte versucht, uns zum Götzendienst zu verführen, bereit wären, ihnen kein Mitleid zu zeigen, sie nicht zu schonen oder zu decken, sondern sogar die ersten zu sein, die sie zu Tode steinigten, nur aus unserer bedingungslosen und kompromißlosen Treue zu Gott.

Wir können hier sogar noch einen Schritt weiter gehen. Als Gläubige des Neuen Testamentes, die erlöst worden sind (nicht von der Sklaverei in Ägypten, aber von der ewigen Verdammnis), die befreit worden sind (nicht durch einen Erweis der Kraft Gottes, der ihn nichts gekostet hat, sondern durch das Blut seines Sohnes, was ihn alles gekostet hat), wieviel schonungsloser sollte unsere Liebe sein? Um wieviel tiefer sollte unsere Treue sein? Petrus Worte: „Wenn sich alle an dir ärgern werden, ich werde mich niemals ärgern" und „Selbst wenn ich mit dir sterben müßte, werde ich dich *nicht* verleugnen" (Matthäus 26,33.35) waren vielleicht anmaßend und voreilig gesprochen. Aber in Bezug auf Bündnistreue und Liebe waren sie durchaus löblich! Wie tief ist unsere Bündnistreue und Liebe für Gott?

Die frühe Kirche rühmte sich der Martyriumsgeschichte des Polycarp, einem frommen, alten Jünger des Apostel Johannes, der einer der am meisten geliebten christlichen Leiter in Kleinasien war. Er wurde von den römischen Behörden verhaftet und in ein riesiges, überfülltes Stadion gebracht, wo eine ungeheure Menschenmenge auf seinen Tod gierte. Der Prokonsul sagte: „Schmähe Christus, und ich gebe dich frei." Die Antwort Polycarps war bemerkenswert:

> Sechsundachtzig Jahre habe ich ihm gedient, und er hat mir niemals Unrecht getan; wie kann ich ihn lästern, meinen König, der mich gerettet hat? Ich bin Christ.

So entschied sich Polycarp gerne für die Flammen, und er bat sogar darum, nicht auf dem Scheiterhaufen festgebunden zu werden. Selbst während er bei lebendigem Leibe verbrannt wurde, würde er standhaft bleiben! Sein Herz hatte sich für alle Ewigkeit festgemacht. Er würde den Herrn niemals verleugnen. Sein Meister Jesus hatte ihm kein Unrecht zugefügt, und er konnte seinem Herrn kein Unrecht tun. *Ebensowenig hat Jesus uns jemals Unrecht getan.* Haben wir irgendeinen Grund, warum wir ihn enttäuschen sollten?

Na und, sollen sie uns doch erschießen. Na und, wenn wir alles verlieren. Na und, wenn es uns unser Leben kostet. Haben wir denn außerhalb von ihm irgendein Leben? Schulden wir denn irgend jemand anderem, was wir ihm schulden? Gibt es irgendjemand anderen, der wirklich einen Anspruch auf unser Leben hat, im vollsten Sinne des Wortes? Bezahlt irgend jemand das, was er bezahlt: ewiges Leben, unendliche Freude, vollkommenen Frieden, und ein „unvergängliche[s] und unbefleckte[s] und unverwelkliche[s] Erbteil, das in den Himmeln aufbewahrt ist für euch" (1. Petrus 1,4)?

Da ist es kein Wunder, daß Paulus sagen konnte:

> Denn ich denke, daß die Leiden der jetzigen Zeit [und Paulus nahm hier nicht leichtfertig irgendwelche Worte in den Mund] nicht ins Gewicht fallen gegenüber der zukünftigen Herrlichkeit, die an uns geoffenbart werden soll. (Römer 8,18)

Und William E. Simpson, der Missionar, der in Tibet und China aufwuchs, nie heiratete, große Leiden ertrug und letzten Endes von einer Horde moslemischer Deserteure ermordet wurde, war nicht wahnsinnig, als er schrieb:

> All die Anfechtungen, die Einsamkeit, das schmerzende Herz, die Erschöpfung und Schmerzen, die Kälte und Müdigkeit, die Dunkelheit und Entmutigung, all die Verluste, Versuchungen und Erprobungen schienen es nicht wert zu sein, mit der Herrlichkeit und der Freude vergli-

chen zu werden, Zeuge dieser „frohen Botschaft großer Freude" zu sein.[51]

Das ist der biblische Maßstab! Das ist eine präzise Beschreibung der Realität, eine haarscharfe Analyse dessen, was wirklich wichtig ist. Das ist die Wahrheit. Aber es ist eine ziemliche Herausforderung! Könnten *wir* jemals solche Dinge sagen?

Der Schlüssel dafür ist ein engeres, intimeres Leben mit dem Herrn. Der Schlüssel ist tiefere Gemeinschaft mit dem Vater, tiefere Solidarität mit dem Sohn, tiefere Harmonie mit dem Heiligen Geist. Es ist die Erkenntnis, daß unser Herr wirklich würdig ist, unser Alles zu empfangen, daß nichts im Hinblick auf die Ewigkeit mehr Sinn macht, als absolut für ihn zu leben.

Der Gott des Mose, der Gott des Paulus, der Gott des William Simpson ist heute immer noch der gleiche. Er sagt immer noch: „Betet mich allein an." Er sagt immer noch: „Ihr sollt keine anderen Götter haben." Sein Name ist immer noch „Eifersüchtig" (2. Mose 34,14). Er verlangt immer noch unsere radikale Treue. Er ruft uns immer noch zu schonungsloser Liebe. Er verdient unser Alles. Ein alter Choral sagt:

> Jesus bezahlte alles, alles schulde ich jetzt Ihm.
> Die Sünde war blutrot;
> Er wusch sie weiß wie Schnee.

Es ist an der Zeit, unsere Schulden zu begleichen.

Die ersten Christen wußten, daß es ein aktiver Glaube an den gekreuzigten und auferstandenen Erlöser verlangt, Leib und Leben zu riskieren.

Carl F. H. Henry

Laß dir kein Kreuz zu schwer erscheinen, um es in der Nachfolge Jesu zu tragen; kein Verlust zu groß, um ihn für Jesus zu ertragen; kein Pfad zu heilig, um Jesus darauf zu folgen.

James B. Taylor

Wenn die Königin geruht, mich freizulassen, werde ich ihr danken; wenn sie mich gefangensetzt, werde ich ihr danken; wenn sie mich verbrennt, werde ich ihr danken. (Letzten Endes wurde er auf dem Scheiterhaufen verbrannt.)

John Bradford

Ich bin der Weizen Gottes und werde von den Zähnen wilder Tiere gemahlen, damit ich als das reine Brot Gottes erfunden werde. (Auf dem Wege zu seinem Märtyrertod in Rom.)

Ignatius von Antiochia

Es gab einen Tag, an dem ich starb; ich starb ganz und gar meinen Meinungen, Vorlieben, Ansichten und meinem Willen – ich starb der Welt, ihrer Billigung oder Zensur – ich starb der Billigung oder Beschuldigung selbst meiner Brüder und Freunde; und seit diesem Tag habe ich nur allein danach getrachtet, Wohlgefallen vor Gott zu finden.

Georg Mueller

Viele, die groß sind in den Augen Gottes, leben in Hütten und Verschlägen, sind kaum jemandem bekannt, außer einigen Nachbarn, die ebenso unbekannt sind.

William Jay

Kapitel Fünfzehn

Bist Du bereit,
Dein Leben zu verlieren?

Vergessen Sie einmal, nur einen Moment lang, daß Sie im Westen leben. Vergessen Sie Ihr schönes Zuhause, Ihr Auto und Ihren Besitz. Vergessen Sie Ihre Bürgerrechte und Religionsfreiheit. Folgen Sie mir nach China. Sind Sie bereit, Jesus auch dort nachzufolgen?

In diesem kommunistischen Land Christ zu sein, könnte Sie Ihr Leben kosten. Es ist sehr wahrscheinlich, daß Sie verfolgt werden und es ist gut möglich, daß Sie Ihren Arbeitsplatz und Ihr Auskommen verlieren. Eine Gefängnisstrafe ist nicht unwahrscheinlich und Folter ist sicherlich möglich. Vielleicht werden Sie Ihre Familie nie mehr wiedersehen. Der Druck wird ungeheuer groß sein, der Haß bisweilen glühend, die Verleumdung allgegenwärtig. Werden Sie auch in China Christ sein?

Oder gehen wir einmal 19 Jahrhunderte zurück nach Rom. Werden Sie sich den Gläubigen in den Katakomben anschließen, im geheimen anbeten und in den unterirdischen Höhlen beten? Werden Sie sich weigern, Cäsar die Treue zu schwören, auch wenn überall Informanten lauern und selbst Ihre eigene Familie Sie verraten kann? Werden Sie immer noch anderen von Ihrem Herrn erzählen?

Aber die Situation in China und in den Katakomben ist nicht unnormal. In der Tat ist es so, *daß in der Zeit, während Sie dieses Buch gelesen haben, sehr wahrscheinlich Gläubige den Märtyrertod gestorben sind.* (Es ist auch sehr wohl möglich, daß allein in der Zeit, die Sie benötigen, um dieses Kapitel zu lesen, Gläubige den Märtyrertod finden!) Wie Dietrich Bonhoeffer, der deutsche Theologe und Pastor, der von den Nazis für eine Verschwörung gegen Hitler ermordet wurde, sagte: „Wenn Jesus einen

Menschen ruft, heißt er ihn zu kommen und zu sterben."[52] Werden Sie kommen und sterben?

> Dann sprach Jesus zu seinen Jüngern: Wenn jemand mir nachkommen will, verleugne er sich selbst und nehme sein Kreuz auf und folge mir nach! Denn wer sein Leben retten will, wird es verlieren; wer aber sein Leben verliert um meinetwillen, wird es finden. (Matthäus 16,24-25)

> Wahrlich, wahrlich, ich sage euch: Wenn das Weizenkorn nicht in die Erde fällt und stirbt, bleibt es allein; wenn es aber stirbt, bringt es viel Frucht. Wer sein Leben liebt, verliert es; und wer sein Leben in dieser Welt haßt, wird es zum ewigen Leben bewahren. (Johannes 12,24-25)

Was genau meinte Jesus hier? Lassen Sie uns mit einer ganz wörtlichen Auslegung beginnen: Märtyrertum. Es ist nicht unmöglich, daß es sehr bald schon *hier im Westen* buchstäblich den Tod bedeuten kann, Jesus nachzufolgen. Es ist nicht unmöglich, daß einige von uns berufen sind, unser Zeugnis mit unserem Blut zu besiegeln. Es ist nicht unwahrscheinlich, daß eine gerechte Konfrontation mit einem wütenden, gottlosen Mob mit einem Mord endet. (Unser moralischer Kampf könnte sehr bald zu einem tödlichen Kampf werden!) Es ist nicht ausgeschlossen, daß es wieder Gläubige wie Stephanus unter uns gibt. Wenn das Evangelium *das* von uns erwartete, würden wir dann immer noch dem Herrn nachfolgen?

Die Bereitschaft, den Märtyrertod zu erleiden, stellt den idealen Anfangspunkt für das Leben als Christ dar. Bedenken Sie, was Jesus lehrte:

> Und fürchtet euch nicht vor denen, die den Leib töten, die Seele aber nicht zu töten vermögen; fürchtet aber vielmehr den, der sowohl Seele als Leib zu verderben vermag in der Hölle! (Matthäus 10,28)

Mit anderen Worten: Fürchten Sie sich nicht vor Menschen! Das Schlimmste, was sie Ihnen antun können, ist Sie umzubringen!

177

Sie können Ihnen nur Ihr Leben nehmen. Und Sie sind ohnehin dazu berufen, Ihr Leben zu verlieren! Den Leib zu verlassen bedeutet, daheim zu sein beim Herrn (2. Korinther 5,8; Lutherbibel 1984). Also, was gibt es, wovor wir uns fürchten müßten? Für den Gläubigen hat der Tod seinen Stachel verloren, denn „sei es nun, daß wir leben, sei es auch, daß wir sterben, wir sind des Herrn" (Römer 14,8).

Aber wir sind so weit abgefallen von der biblischen Wahrheit! Für den durchschnittlichen Gläubigen im Westen ist die Vorstellung eines Märtyrertodes gar unbegreiflich. An Stelle des Rufes: „Kommt und sterbt!" haben wir uns an den Ruf; „Kommt und eßt!" (Johannes 21,12; Bibel in heutigem Deutsch 1984) gewöhnt. Wie Thomas à Kempis schrieb: „Viele folgen Jesus bis zum Brotbrechen; aber nur sehr wenige bis zum Trinken seines Leidensbechers."

Heute haben wir anstelle des alten Kreuzes eine neue Kreuzfahrt. Christentum wird zunächst mit irdischer Befriedigung gleichgesetzt, und das Evangelium wird gepredigt, als existierte es nur für unsere persönliche Erfüllung. Warum sollten wir uns um unsere künftigen himmlischen Wohnungen Gedanken machen, wo wir uns doch hier so zu Hause fühlen? Kann das Neue Jerusalem denn eindrucksvoller sein als manche unserer „monumentalen" Gospel-Kathedralen?

Eine weltliche Geisteshaltung (d. h. eine Geisteshaltung, die sich an dieser Welt ausrichtet) herrscht vor. Welch ein Unterschied zwischen dem Geist der Märtyrer und dem Geist der modernen Gemeinde! Der eine erträgt die Konflikte dieser Welt durch die Kraft, das Leben und die Freude der zukünftigen Welt; der andere genießt diese Welt.

Uns ist die Mode geläufiger als das Fasten, und wir sind eher an Lust denn an Leidenschaft gewöhnt. Manche unserer „Propheten", für die so viel Werbung betrieben wird, halten Festmähler für $100 pro Kopf – inklusive persönlicher Worte vom Herrn, um das Mahl abzurunden – während andere Ihre Gemeinde segnen, wenn Ihnen ein Mindestopfer von $10 000 garantiert wird. Selbst die Gegenwart Gottes ist durch einen unserer „Psalmisten" käuflich erwerbbar, solange der Preis stimmt. (Die richtige Atmo-

178

sphäre, wie zum Beispiel ein Luxushotel der Extraklasse, tut der ganzen Sache auch keinen Schaden.)

Wir sind in das Zeitalter der „Vermarktung der Gemeinde" eingetreten. Aber unsere ganze Herangehensweise ist bereits fehlerhaft: Das Kreuz ist nicht „benutzerfreundlich". Es ist „benutzertödlich"! Und dennoch denken wir, daß wir in die höheren Regionen aufgefahren sind. Die traurige Wahrheit ist doch, daß wir oft *zu fett zum Fliegen* sind. Die Gemeinden im Westen sind bruchgelandet!

Wie radikal sind wir von den Grundlagen unseres Glaubens abgewichen! Wie grundlegend sind wir getäuscht worden! Es ist an der Zeit, unsere Herzen zurückzukehren. Es ist an der Zeit, die Kosten noch einmal zu überschlagen. *Einer der Hauptgründe, der uns davon abhält, dem Herrn zu dienen, ist unsere Weigerung, unser Leben zu verlieren.* Wir versuchen immer noch festzuhalten! Jesus ruft uns auf loszulassen.

Natürlich werden viele von uns nicht als Märtyrer sterben. (Wenigstens nicht in der nächsten Zukunft.) Aber wir alle müssen allen Anspruch auf unser Leben niederlegen. Wir alle müssen unsere Rechte verlieren. Nur dann können wir wahrhaft leben!

Der Nobelpreisträger Alexander Soltschenjizin war in Rußland im Gefängnis. Er war getrennt von Freunden und Familie. Er wurde aus seiner Karriere und Berufung gerissen. Er wurde aller seiner irdischen Besitztümer beraubt und wie ein unbedeutender Niemand behandelt. Und dann, als krönende Beleidigung, wurde sein *Bleistift* konfisziert. Genau in diesem Moment, sagte Soltschenjizin, wurde er zum ersten Mal in seinem Leben ein völlig freier Mann. Er hatte nichts mehr zu verlieren! Er hatte nichts mehr, was ihm noch hätte genommen werden können! Es gab nichts mehr, was jemand noch über seinen Kopf hätte schwingen können, nichts mehr, mit dem er hätte bedroht werden können. Im Gefängnis wurde er frei.

Jesus beruft uns zur Freiheit! „Verliere dein Leben," sagt er. Dann wirst du es finden! „Stirb dieser Welt," drängt er. Dann wirst du leben! „Gib deinen Ruf auf," mahnt er. Dann kann ihn dir niemand rauben! „Leg deine Rechte nieder," ermutigt er. Dann wird jeder Druck aufhören! Du wirst frei, seinen Willen zu tun. Nichts wird mehr übrig sein, was dich zurückhält.

Und dennoch läuft so vieles der modernen Lehre dem Weg des Kreuzes geradewegs entgegen. Anstatt die Gläubigen zu ermutigen, ihre Rechte zu verlieren, werden sie gelehrt, für ihre Rechte zu kämpfen. (Es ist eine Sache, für moralische und religiöse Rechte zu kämpfen. Es ist eine ganz andere Sache, für „persönliche Rechte" zu kämpfen, wie etwa auf einen selbstsüchtigen Ehepartner zornig zu sein, oder für das „Recht" auf eine Selbstmitleidsorgie, wenn ein Freund Sie ablehnt.) Wir sind eine Generation, welche die Erhaltung des Selbst anstelle der Verleugnung des Selbst betont hat, und wir verwöhnen das Fleisch anstatt es zu kreuzigen. Das ist kein biblischer Lebensstil!

> Denn das ist Gnade, wenn jemand wegen des Gewissens vor Gott Leiden erträgt, indem er zu Unrecht leidet. Denn was für ein Ruhm ist es, wenn ihr als solche ausharrt, die sündigen und ‹dafür› geschlagen werden? Wenn ihr aber ausharrt, indem ihr Gutes tut und leidet, das ist Gnade bei Gott. Denn hierzu seid ihr berufen worden; denn auch Christus hat für euch gelitten und euch ein Beispiel hinterlassen, damit ihr seinen Fußspuren nachfolgt. (1. Petrus 2,19-21)

Ja, es gibt viele Dimensionen, was es heißt, sein Leben zu verlieren!

Wir sind berufen, unsere Feinde zu lieben, zu segnen, die uns fluchen, für die zu beten, die uns mißhandeln und eine kompromißlose Haltung des Nicht-Zurückschlagens einzunehmen (vgl. Lukas 6,27-29). Das ist ein Teil davon, dem Selbst zu sterben. Wir müssen das Böse mit dem Guten überwinden (vgl. Römer 12,21).

Unsere emotionalen „Lüste" müssen ebenfalls verleugnet werden. Bitterkeit ist verboten. Beleidigtes Schmollen ist nicht dran. Wir müssen jede Art von Zorn, Wut, Bosheit und Lästerung ablegen (vgl. Kolosser 3,8). Derartiges ziemt sich nicht für das heilige Volk Gottes (vgl. Epheser 5,1-12). Und wir müssen unseren Mund auftun, wo einer sündigt (vgl. Lukas 17,3-4), ob es uns gefällt oder nicht. Der Unverschämte muß sanftmütig werden.

Der Furchtsame muß kühn werden. Tod dem Willen des Fleisches! Sind Sie immer noch bereit mitzugehen?

„Ich möchte meinem Nachbarn aber lieber nicht Zeugnis geben." Dann verlieren Sie Ihr Leben und gehorchen Sie dem Herrn! „Es liegt mir mehr, an dieser Gebetsnacht nicht teilzunehmen." Seit wann fragt der Herr denn nach unseren Vorlieben? „Mein Fleisch kämpft wirklich nicht gerne für die Ungeborenen." Dann kreuzigen Sie es und lassen Sie sich vom Geist unseres Gottes ausrüsten. Unser einziges „Recht" ist es, dem Herrn zu gefallen, und was für ein herrliches Recht das ist! Aber an unserer Berufung ist noch mehr dran.

Wir müssen unserem Ruf sterben. Der hochintelligente Paulus von Tarsus wurde gefangengenommen, geschlagen, ausgepeitscht, verspottet, verrückt genannt und gesteinigt. Einmal rettete er sein Leben, indem er in einem Korb aus einem Fenster in der Stadtmauer herabgelassen wurde (2. Korinther 11,32-33). Das war es dann wohl mit dem professionellen Evangelisten! Der Oxforder Gelehrte John Wesley wurde mit Steinen, verfaultem Gemüse und toten Katzen beworfen. Das Bild des ehemals so beliebten Charles Finney wurde oft in aller Öffentlichkeit verbrannt. Das kam, weil sie mit Jesus identifiziert wurden. Werden wir auch mit ihm identifiziert? Verbinden die Leute Jesus mit *uns*?

> Darum hat auch Jesus, um das Volk durch sein eigenes Blut zu heiligen, außerhalb der Tore gelitten. Deshalb laßt uns zu ihm hinausgehen, außerhalb des Lagers, und seine Schmach tragen! Denn wir haben hier keine bleibende Stadt, sondern die zukünftige suchen wir. (Hebräer 13,12-14)

Werden wir auch seine Schmach tragen?

> Ich würde Halleluja-Banden anführen und ein verrückter Narr in den Augen der Welt sein, um Seelen zu retten (Catherine Booth).

181

Haben wir ebenfalls einen solchen Geist? Wären wir bereit, an solch offensichtlichen Evangeliumsdarstellungen teilzunehmen, wenn unsere ungläubigen Freunde, Nachbarn, Verwandte oder Angestellte zuschauen? Möge uns Gott die Augen für die Wirklichkeit öffnen!

Was zählt schon die Meinung der Welt? Warum sollten wir uns von der weltlichen Presse bewegen lassen? Warum sollten wir uns von denen beeinflussen lassen, die geistlich verloren sind? Warum sollten wir uns von bloßem Fleisch und Blut zurückhalten lassen? Die Ewigkeitsperspektive Gottes ist die einzige, die wirklich zählt. In seinen Augen ist der stolze Professor der Narr und der einfache Heilige ist weise. Deshalb konnte Paulus sagen: „Ich schäme mich des Evangeliums nicht" (Römer 1,16), trotz der Geringschätzung der Intellektuellen und der Verachtung der religiösen Institutionen. Können wir von uns behaupten, uns nicht zu schämen? Unser Ruf muß an das Kreuz genagelt werden!

Aber es gibt noch einen weiteren Aspekt des gekreuzigten Lebens. Es bedeutet, mein Recht auf Selbstbestimmung aufzugeben.

> Wenn wir in Gemeinschaft mit ihm leben wollen, müssen wir mit vollem Bewußtsein die Vernichtung nicht der Herrlichkeit, sondern unseres früheren Rechtes an uns selbst in jeglicher Form und Erscheinung durchlaufen. Bis dieser innere Märtyrertod nicht vollendet ist, wird uns die Versuchung immer unvorbereitet erwischen (Oswald Chambers).[53]

Unser Leben zurückzunehmen ist gleichbedeutend damit, Gott zu berauben!

Der alte Mensch und seine Pläne sind tot. Und Tote haben keine Zukunft. Nur Auferstandene haben eine Zukunft. Wir sind auferstanden in ihm! *Nur Tote können auferstehen.*

> Wenn ihr nun *mit dem Christus auferweckt* worden seid, so sucht, was droben ist, wo der Christus ist, sitzend zur Rechten Gottes! Sinnt auf das, was droben ist, nicht auf

das, was auf der Erde ist! *Denn ihr seid gestorben,* und euer Leben ist verborgen mit dem Christus in Gott. Wenn der Christus, euer Leben, geoffenbart werden wird, dann werdet auch ihr mit ihm geoffenbart werden in Herrlichkeit. (Kolosser 3,1-4)

Das beschreibt das normale Leben eines Christen. Wir leben nicht den Rest unserer Tage hier auf Erden für böse, menschliche Begierden, sondern für den Willen Gottes (vgl. 1. Petrus 4,2). Deswegen starb Jesus!

Und für alle ist er gestorben, damit die, welche leben, nicht mehr sich selbst leben, *sondern dem, der für sie gestorben und auferweckt worden ist.* (2. Korinther 5,15)

Folgende Worte sollten tief in das Herz eines jeden Gläubigen eingraviert sein: „Ich lebe für den Willen Gottes. Ich habe keinen Willen außerhalb des seinen!" *Dafür* sind wir gerettet worden. So soll es für alle Zeiten sein:

Und keinerlei Fluch wird mehr sein; und der Thron Gottes und des Lammes wird in [der Stadt] sein; und *seine Knechte werden ihm dienen.* (Offenbarung 22,3)

Das ist unsere ewige, gesegnete Berufung!

Wir müssen die Tatsache vollständig ergreifen, daß wir die Knechte Gottes sind, daß unser Leben ihm gehört, und daß er das absolute Recht hat, uns egal wohin zu senden, egal auf welche Weise, und uns alles zu jeder Zeit auftragen kann. Wir haben keinen Tarif-Vertrag mit dem Herrn unterzeichnet!

Natürlich ist es herrlich, seinen Willen zu tun. Er erfüllt und segnet, der Lohn ist groß und auf allen seinen Wegen ist Leben. Aber der Weg zum Leben ist der Weg des Kreuzes, und der vollständige Sieg kann erst nach der bedingungslosen Kapitulation kommen. Halten Sie immer noch fest, oder sind Sie bereit, für den Herrn zu leben *oder* zu sterben, für Jesus zu gehen *oder* zu bleiben, zu geben *oder* zu beten, zu sprechen *oder* zu schweigen, sich ihm vorbehaltlos zu unterwerfen? Hält Sie noch irgend etwas zurück? Sind Sie bereit, sich rekrutieren zu lassen? Hören Sie auf den Befehl des Herrn – was immer dieser Befehl auch sein mag?

Erinnern Sie sich an die weisen Worte des Missionars Jim Elliot, der zusammen mit seinem Team von den Auca-Indianern mit Speeren ermordet wurde, als diese Missionare versuchten, die armen Sünder mit der Botschaft der Liebe Gottes zu erreichen:

> Der ist kein Narr, der verliert, was er nicht behalten kann, um das zu gewinnen, was er nicht verlieren kann.

Was möchten Sie gewinnen? Haben Sie wirklich noch etwas zu verlieren? Nehmen Sie Ihr Kreuz auf und folgen Sie dem Herrn. Sie werden es niemals bereuen, das getan zu haben! Fragen Sie nur Jim Elliot, wenn Sie ihn sehen; das heißt, wenn Ihre Augen all die Herrlichkeit ertragen können:

> Und die Verständigen werden leuchten wie der Glanz der Himmelsfeste; und die, welche die vielen zur Gerechtigkeit gewiesen haben, ‹leuchten› wie die Sterne immer und ewig. (Daniel 12,3)

Mögen *Sie* an jenem Tag wie die Sonne strahlen, wenn der Tod dem Leben weichen muß. Für immer.

Laßt dem Teufel seine Wahl; Gott wird mit ihm bei jeder Waffe fertig. Der Teufel und sein gesamter Rat sind nur Narren vor Gott; sogar ihre Weisheit Torheit.

William Gurnall

Welch ein Unterschied besteht zwischen Männern, die in den Kampf ziehen, um zu siegen, wenn sie es vermögen, *und denen, die in den Kampf ziehen, um zu siegen.*

D. L. Moody

Ein feiges Herz wird am Tag der Schlacht nicht ausreichen; ein zweifelnder Geist wird im Konflikt nicht bestehen.

C. H. Mackintosh

Ein echter Christ ist einzigartig. Er steht allein. Er überragt alle, die vor ihm gewesen sind. Er wird keinen Nachfolger haben. Er ist ein Mann an seinem Höhepunkt, die beste Leistung Gottes für die Menschheit.

John G. Lake

Wir sind ein übernatürliches Volk; wiedergeboren durch eine übernatürliche Geburt; wir stehen in einem übernatürlichen Kampf und werden von einem übernatürlichen Lehrer unterwiesen; wir werden von einem übernatürlichen Befehlshaber zum sicheren Sieg geführt.

J. Hudson Taylor

Ich habe alles auf die folgenden Worte gesetzt, und sie haben mich noch nie enttäuscht: „Siehe, ich bin mit euch alle Tage, bis an das Ende der Welt."

David Livingstone

Kapitel Sechzehn

Vorwärts Marsch!

Das Volk Israel stand mit dem Rücken zur Wand. Die ägyptische Armee war ihnen auf den Fersen und kam jede Minute näher. Vor ihnen lag das Meer und versperrte ihnen den Weg.

> Da fürchteten sich die Söhne Israel sehr und schrien zum HERRN. (2. Mose 14,10b)

Und da sagte der Herr etwas absolut Unerwartetes zu Mose:

> ... Was schreist du zu mir? Befiehl den Söhnen Israel, daß sie aufbrechen! (2. Mose 14,15)

In der freieren Übertragung der Living Bible heißt diese Stelle:

> ... Hör auf zu beten und setze das Volk in Bewegung! Vorwärts Marsch!

„Mose, Volk Israel, was schreit ihr zu mir?" Stellen Sie sich nur einmal vor, was Mose gedacht haben muß. „Treibt Gott hier einen grausamen Scherz mit uns? Die ägyptische Armee, mit Wagen und Pferden, steht davor, uns alle abzuschlachten, und du fragst: ‚Was schreit ihr zu mir?' Unsere Frauen und Kinder werden entweder ertrinken oder durch das Schwert sterben, und du fragst uns: ‚Was schreit ihr zu mir?'" Aber der Herr sagt: „Vorwärts Marsch!"

Da ist ein Wort hier für die Gemeinde! Können Sie es zwischen den Zeilen lesen?

Unser Weg ist ein Weg des Glaubens. Wir beten im Glauben und wir gehorchen im Glauben. Unser Anführer ist völlig unsichtbar, und dennoch halten wir unsere Augen auf ihn gerichtet: „... denn [Mose] hielt standhaft aus, als sähe er den Unsichtbaren ... Deshalb laßt nun auch uns ... mit Ausdauer laufen den vor uns liegenden Wettlauf, indem wir hinschauen auf Jesus ..." (Hebräer 11,27; 12,1-2) – und wenn er sagt: „Vorwärts Marsch!" – dann marschieren wir los! Unser Befehlshaber hat den Weg frei gemacht. Das bedeutet, daß die Kraft bereitsteht, daß die Autorität bereitsteht, daß die Antwort bereitsteht. Der Endsieg ist gewiß. Aber wir müssen uns erheben und handeln! Der Segen Gottes liegt auf denen, die gehen.

Erinnern Sie sich daran, was Gott gesagt hat:

> ... Mir ist *alle Macht* gegeben im Himmel und auf Erden. [Lesen Sie diese Worte noch einmal langsam und laut vor, denken Sie über jedes einzelne nach. Es gibt *keine* Autorität, die gegen Jesus steht, keine größere Kraft, keine Macht, die drohen kann.] *Geht nun hin* und macht alle Nationen zu Jüngern ... (Matthäus 28,18-19)

Jetzt ist die Stunde gekommen zu gehen!

Jahrelang haben wir den Herrn im Gebet angefleht, haben ihn um Erweckung und Erneuerung gebeten, sein Angesicht gesucht und ihn bestürmt, Regen und Feuer zu senden. Und wir müssen ihn bestürmen und anflehen! Wir müssen am Ball bleiben und sogar noch mehr beten. Wir müssen sein Angesicht suchen, bis die letzte Verheißung erfüllt ist. Aber es gibt eine Zeit zu beten und zu warten, und es gibt eine Zeit zu beten und zu handeln. *Jetzt ist die Zeit zu handeln.*

„Was schreit ihr zu mir?" fragt der Herr. Er weiß, daß der Feind uns nachjagt und unsere Chancen absolut gleich null sind. Er weiß, daß die Hindernisse vor uns völlig unbewegbar und undurchdringbar sind. Aber er weiß auch noch etwas anderes. Wenn unser Herz rein ist, wenn unser Leben in Ordnung ist, wenn wir dafür leben, seinen Willen zu tun, wenn wir vor ihm im Glauben ausharren, wenn er unser Herr und König ist – dann wohnt seine Herrlichkeit in uns! Seine Macht lebt in uns! Sein Wort bleibt in uns! Sein Geist erfüllt uns! „Vorwärts Marsch!" sagt er, ausgerüstet mit den Waffen Gottes. *Er kämpft für alle, die im Glauben voran gehen, die nur auf den göttlichen Befehl hören.*

Gott sagte zu Mose:

> Du aber erhebe deinen Stab und strecke deine Hand über das Meer aus *und spalte es,* damit die Söhne Israel auf trockenem Land mitten in das Meer hineingehen! (2. Mose 14,16)

„Mose, *du* sollst das Meer spalten!" Im Hebräischen steht hier eine Befehlsform. Es ist ein Befehl des Herrn!

„Mose, warte nicht darauf, daß etwas Neues geschieht. Du hast den Stab Gottes bereits. Nun gebrauche ihn, wie ich dir befohlen habe. Erhebe ihn und teile das Meer. Laß das trockene Land zum Vorschein kommen!"

Hören Sie einmal auf den Marschbefehl, den Jesus seinen Jüngern gab:

> Wenn ihr aber hingeht, predigt und sprecht: Das Reich der Himmel ist nahe gekommen. Heilt Kranke, weckt Tote auf, reinigt Aussätzige, treibt Dämonen aus! Umsonst habt ihr empfangen, umsonst gebt! (Matthäus 10,7-8)

„Jünger, ich habe euch meine Autorität gegeben!" (vgl. Matthäus 10,1). „Jetzt sollt *ihr* gehen, *ihr* sollt predigen, *ihr* sollt die Kranken heilen. (Ganz recht, *ihr* sollt die Kranken heilen!) *Ihr* sollt die Toten aufwecken, *ihr* sollt die Aussätzigen reinigen, *ihr* sollt die Dämonen austreiben."

Das war genau, was Jesus sagte! Und das ist es auch, was er zu uns sagt: In dem Maße, in dem wir empfangen haben, sind wir verpflichtet, und haben wir das Vorrecht zu geben. Auch wenn wir noch weit davon entfernt sind, bereits vollständig wiederhergestellt worden zu sein, so ist uns dennoch befohlen zu geben, was wir haben. Wir sollen gerade so wie die Witwe in Zarpat sein (1. Könige 17). Als sie das Bißchen gab, das sie hatte, nahm der Herr all ihren Mangel weg. Es fehlte ihr nie an der Versorgung Gottes.

Deshalb dürfen Sie sich jetzt nicht zurücklehnen und jammern. Heulen und klagen Sie nicht, stöhnen und murren Sie nicht. Stehen Sie auf, glauben und handeln Sie! Gießen Sie das aus, was Sie haben, und Gnade wird Sie erfüllen. Gott ruft seine Gemeinde, voran zu gehen!

Gehen Sie voran für die Herrlichkeit Gottes wie William C. Burns, der schottische Erweckungsprediger, der sein Leben für chinesische Seelen hingab. Als er gefragt wurde, ob er in dieses weit entfernte Land reiste, um die Heiden zu bekehren, sagte er: „Ich gehe nach China, um Gott zu verherrlichen!"[54]

Gehen Sie voran und werden Sie ein Menschenfischer wie John Geddie, der Pionier der presbyterianischen Missionare in der Südsee:

> Auf einer Tafel in einer großen Kirche, die Platz für 1000 Menschen bot, war die folgende Inschrift in Erinnerung an John Geddie eingraviert: „Als er im Jahr 1848 an Land ging, gab es keine Christen hier; als er 1872 wieder abreiste, gab es keine Heiden mehr."[55]

Gehen Sie voran für Gerechtigkeit und Moral wie William Wilberforce, der englische Adelige, der sich selbstlos für den Kampf gegen die Sklaverei aufopferte. Seine Vision war unmöglich. Die Gesellschaft war gegen ihn. Die Geschichte war gegen ihn. Die allgemeinen Vorurteile waren gegen ihn. *Aber Gott war für ihn.*

Im Folgenden ein Auszug aus einem Brief, den der 88-jährige John Wesley dem 31-jährigen William Wilberforce im Jahr 1791 schrieb, nur vier Tage vor Wesleys Tod:

> Wenn Sie nicht die Kraft Gottes gerufen hat, so wie Athanasius gegen die Welt zu stehen [Athanasius war für die Wahrheit gegen eine scheinbar unüberwindliche Sturmflut der Opposition aufgestanden], so sehe ich keine Möglichkeit, wie Sie in Ihrem herrlichen Unterfangen bestehen können, dieser überaus abscheulichen Schurkerei, dem Skandal der Religion, England und der menschlichen Natur, entgegenzutreten. Wenn Gott Sie nicht zu genau diesem Zwecke berufen hat, dann werden Sie am Wider-

stand der Menschen und der Teufel ermatten. Aber „wenn Gott für Sie ist, wer vermag gegen Sie zu stehen?" Sind sie alle zusammen stärker als Gott? O, „werden Sie nicht müde, Gutes zu tun!" Gehen Sie voran, im Namen Gottes und in der Macht seiner Stärke, bis selbst die amerikanische Sklaverei (die übelste, die es je unter der Sonne gab) davor zerschmilzt.[56]

Volk Gottes: Vorwärts Marsch!

Gehen Sie voran mit reinen Händen und einem ehrlichen Herzen. Gehen Sie voran mit festem Glauben und gestähltem Willen. Gehen Sie voran mit einem heiligen Leben und gerechten Werken. Gehen Sie voran mit Erbarmen und Güte, bekleidet mit der Barmherzigkeit Gottes. Gehen Sie voran mit dem Namen Jesu auf Ihren Lippen und seinem lebendigen Lobpreis in Ihrer Seele. Gehen Sie voran und überwinden Sie für ihn!

Überwinden Sie die Lügen der Finsternis und die Täuschungen des Feindes. Überwinden Sie die Dämonen und Krankheiten, diese unsichtbaren Terroristen, die nur knechten und zerstören. Überwinden Sie Hoffnungslosigkeit und Verzweiflung, Furcht und Angst. Überwinden Sie durch den Geist Gottes. Tun Sie es für seine Herrlichkeit, für den einen, den Sie lieben. Tun Sie es für dieses sündige Geschlecht, für das Jesus starb. Tun Sie es, um seiner Ehre willen!

Und dann, seien Sie einmal ehrlich mit sich selbst. Wir werden nicht den ganzen Planeten retten. Wir werden die Welt nicht in diesem Zeitalter regieren. Wir werden das Böse nicht vollständig ausradieren können. Wir werden Krankheit und Tod nicht beseitigen. *Aber wir werden für den Herrn den Unterschied machen* – und was für ein ewiger Unterschied das sein wird! Wir werden eine radikale Veränderung hervorbringen! Und irgendeine Generation (warum denn nicht unsere?) wird den Tag erleben, an dem Jesus, unser Retter, wiederkehrt. Dann wird sich diese Schriftstelle erfüllen:

> Das Reich der Welt ist unseres Herrn und seines Christus geworden, und er wird herrschen von Ewigkeit zu Ewigkeit. (Offenbarung 11,15b)

Nicht lange danach wird der Tag kommen, an dem dann gilt: „Der Tod wird nicht mehr sein, noch Trauer, noch Geschrei, noch Schmerz wird mehr sein: denn das Erste ist vergangen" (Offenbarung 21,4), und es wird nie wieder zurückkehren!

Deshalb, im Lichte der Ewigkeit, im Lichte dessen, was Jesus für uns getan hat, im Lichte der Tatsache, daß wir nur ein kurzes Leben haben, um es hier auf Erden zu leben, eine flüchtige Gelegenheit, unsere unendliche Schuld der Dankbarkeit zu begleichen, eine Chance, die Menschheit für Gott zu erreichen, im Lichte all dessen, lassen Sie uns Mut fassen und voran gehen. Die Schlacht ist bereits gewonnen!

Hören Sie ein letztes Mal auf die Worte von William Booth, als der General der Heilsarmee seine Truppen zum Kampf sammelte:

Auf nach Golgatha! Auf zum Tod für die Welt! Widersteht nicht denen, die euch schlagen! Kein Halten! Kein Rasten! Auf, leidend, trauernd, weinend sterben für Gott und Menschen, bis die Horden der Hölle aus ihren letzten Winkeln fliehen und wir über eine brennende Welt voranziehen in die ewige Herrlichkeit![57]

Volk Gottes, steh auf! *Es ist Zeit, die Selbstzufriedenen zu erschüttern und Dinge ins Wanken zu bringen.*

Anmerkungen

Viele der Zitate, die am Anfang jeden Kapitels angeführt sind, sind einer Zusammenstellung von Stephen L. Hill entnommen, *On Earth as it is in Heaven: A Classical Bible Reading Guide*[58] (sie kann schriftlich von P. O. Box 2050, Lindale, TX, 75771, USA angefordert werden). Dieses kleine Büchlein enthält den bekannten Bibelleseplan von Robert Murray M'Cheyne und jeder Tag hat eine eigene Einführung mit einem von Hill ausgewählten Zitat. Andere Quellen, aus denen ich zitiert habe, sind unter anderem: Harry Verploegh (Hg.), *Oswald Chambers: The Best from all His Books*[59], Band I und II (Oliver Nelson, 1987, 1989); Tom Carter (Hg.), *Spurgeon at His Best*[60] (Baker, 1988); *Carl Henry at His Best: A Lifetime of Quotable Thoughts*[61] (Multnomah, 1989). Andere Zitate sind verschiedenen Bänden in meinem Arbeitszimmer entnommen. In den folgenden Anmerkungen sind nur die Zitate innerhalb der Kapitel selbst berücksichtigt.

Besondere Anmerkung: Ich habe die Pastoren, Lehrer und Autoren, deren Schriften ich hinterfrage, und mit denen ich nicht übereinstimme, *nicht* mit Namen genannt. Das hat zwei Gründe: Zum einen gibt es im Leib Jesu heutzutage eine Art von Einstellung wie zur Zeit der „Hexenjagden", die sowohl gefährlich, wie auch spaltend ist. Wenn ich mit einem Glaubensgenossen namentlich bezüglich *einer Sache* nicht übereinstimme, besteht in vielen Kreisen die Neigung, diese Person in allen Bereichen als „Ketzer" abzustempeln. Das ist schädlich und unreif. Zweitens ist es in einer wissenschaftlichen Arbeit, die reich an Fußnoten und Belegen ist, nur recht und billig, sich mit verschiedenen Autoren und Lehrern kritisch auseinanderzusetzen, unter genauer Angabe von Name und Quellenangaben. Da aber das vorliegende Buch eher von populärwissenschaftlichem Stil ist, schien es mir besser, mich mehr auf Themen, denn auf Personen zu konzentrieren. Wenn Sie die Autoren wiedererkennen, deren Ansichten ich hier hinterfrage, dann lesen Sie ihre Bücher auf jeden Fall mit einer Haltung des Gebets, und, wo nötig, trennen Sie die Spreu vom Weizen.

Endnoten

[1] Andrew Bonar, *Memoir and Remains of R. M. M'Cheyne* (repr., Banner of Truth, 1987), 11.

[2] Samuel Logan Brengle, *When the Holy Ghost is come* (repr., Salvation Army, 1982), 108 – 109.

[3] Arthur Wallis, *In the Day of Thy Power* (repr., Cityhill/Christian Literature Crusade, 1990), 87.

[4] Lesbischer Buchtitel eines amerikanischen Schulbuches. Etwa zu übersetzen mit: Gloria hat Lesbenpower. [A.d.Ü.]

[5] Homosexueller Titel einer Geschichte aus einem amerikanischen Schulbuch. Etwa zu übersetzen mit: Papas Zimmergenosse. [A.d.Ü.]

[6] James A. Stewart, *Evangelism* (repr., Revival Literature, n. d.), 34.

[7] Charles Spurgeon, zitiert in: Stewart, *Evangelism*, 44.

[8] Das Theologische Wörterbuch des Neuen Testamentes. [A.d.Ü.]

[9] *Theological Dictionary of the New Testament* (ET G.W. Bromiley; Eerdmans, 1967), 4:1000 (Artikel von J. Brehm).

[10] A. T. Robertson, *Word Pictures in the New Testament* (repr., Baker, n.d.) 3:43.

[11] Das neue Internationale Wörterbuch der Theologie des Neuen Testaments. [A.d.Ü.]

[12] *New International Dictionary of New Testament Theology,* herausgegeben von Colin Brown (Zondervan, 1986), 1:358 (Artikel von J. Goetzmann).

[13] übersetzt aus dem Englischen. [A.d.Ü.]

[14] William Booth, zitiert in: Stewart, *Evangelism*, 31.

[15] A. Skevington Wood, *The Burning Heart. John Wesley: Evangelist* (Bethany, 1978), 148.

[16] John Worthington, zitiert in: Wood, *The Burninge Heart*, 148.

[17] John Wesley, zitiert in: Wood, *The Burninge Heart*, 150-51, 149.

[18] John Preston, John Bunyan und Richard Baxter, alle zitiert in: Leland Ryken, *Worldly Saints: The Puritans as they really were* (Zondervan, 1986), 91, 107.

[19] David Wilkerson, gedruckte Predigt.

[20] Der junge Chinese ist zitiert worden in: Jonathan and Rosalind Goforth, *Miracle Lives of China* (repr., Bethel, 1988).

[21] Edward N. Gross, *Christianity Without a King: The Results of Abandoning Christ's Lordship* (Brentwood Christian Press, 1992), 18 – 19.

[22] Jonathan Goforth, *When the Spirit's Fire Swept Korea* (Bethel, n.d.), 8 – 9.

[23] A. T. Roberts, *Word Pictures*, 3:34.

[24] Walter Phillips, zitiert in: Jonathan Goforth, *By my Spirit* (Bethel, 1983), 41 – 42.

[25] Jonathan Goforth, *When the Spirit's Fire Swept Korea*, 10.

[26] Diese Beschreibung des Dienstes von William Booth ist zitiert in: Minnie Lindsay Carpenter, *William Booth*, (Schmul, 1986), 28.

[27] Catherine Booth, zitiert in: Carpenter, *William Booth*, 44.

[28] William C. Burns, zitiert in: James Alexander Stewart, *William Chalmers Burns; Robert Murray M'Cheyne: Biographical Sketches* (Revival Literature, n.d.), 27.

[29] Jonathan Goforth, *When the Spirit's Fire Swept Korea*, 10.

[30] a.a.O., 14 – 15.

[31] a.a.O., 25.

[32] J. C. Ryle, *Holiness: Its Nature, Hindrances, Difficulties, and Roots* (repr., Evangelical Press, 1991), 22.

[33] Englisches Wortspiel aus den Anfangsbuchstaben von ‚Gnade'. [A.d.Ü.]

[34] John Wesley, *The Works of John Wesley* (repr., Baker, 1986), 1:103-04.

[35] Alexander Maclaren, zitiert in: J. Gregory Mantle, *The Counterfeit Christ and Other Sermons* (Christian Publications, n.d.), 36.

[36] Im Englischen heißt „idol" „Götze". [A.d.Ü.]

[37] Jonathan Edwards, zitiert in: John Gernster, *Heaven and Hell: Jonathan Edwards on the Afterlife* (Ligonier/Baker, 1991), 61.

[38] T. Austin Sparks, *The School of Christ* (1964; repr., World Challenge, n.d.), 9.

[39] Oswald Chambers, *Mein Äußertses für Sein Höchstes* (Wuppertal, 1993), 9. September.

[40] Smith Wigglesworth, zitiert in: Jack Hywel-Davies, *The Life of Smith Wigglesworth: One Man, One Holy Passion* (Servant, 1988), 120.

[41] A. W. Tozer, zitiert in: James L. Snyder, *The Pursuit of God: The Life of A. W. Tozer* (Christian Publications, 1991), 15.

[42] John Wesley, zitiert in: Leonard Ravenhill, *Why Revival Tarries* (Bethany, 1959), 16.

[43] Für die genaue Quellenangabe zu dem Zitat von Oswald Chambers, vgl. Michael L. Brown, *Whatever Happened to the Power of God?* (Destiny Image, 1991), 23 – 31.

[44] K. P. Yohannan, *The Road to Reality: Coming Home to Jesus from the Unreal World* (Creation House, 1988), 26.

[45] James Gilmour, zitiert in: Ravenhill, *Why Revival Tarries*, 36.

[46] Thomas Goodwin, zitiert in: Ianian H. Murray, *The Puritan Hope: Revival and the Interpretation of Prophecy* (Banner of Truth, 1971), 103.

[47] Der Bericht über William Booths Aufenthalt in Australien ist entnommen: Charles Talmadge (Hg.), *How to Preach: William Booth* (repr., Salvation Army, 1979), xiv-xvi.

[48] George Stormont, *Smith Wigglesworth: A Man Who Walked With God* (Harrison House, 1989), 29.

[49] Charles Spurgeon, aus: *The Best of Spurgeon*, 201 – 02.

[50] Richard Wurmbrand, *The Voice of the Martyrs* (Rundbrief), Januar 1993, 1 – 2.

[51] William E. Simpson, zitiert in: James and Marti Hefley, *By their Blood: Christian Martyrs of the 20th Century* (Baker, 1979), 147.

[52] Dietrich Bonhoeffer, *The Cost of Discipleship* (Macmillan, 1963), 99.

[53] Oswald Chambers, aus: *The Best From All His Books*, 2:191.

[54] William C. Burns, zitiert in: Stewart, *Biographical Sketches*, 8.

[55] Die Gedenktafel für den presbyterianischen Missionar John Geddie wird erwähnt in: Ravenhill, *Why Revival Tarries*, 156.

[56] Der Brief John Wesleys an John Wilberforce, zitiert in: *The Works of John Wesley*, 13:153.

[57] William Booth, zitiert in: Talmadge (Hg.), *How to Preach*, xv, xvi.

[58] Englischer Buchtitel; etwa: Wie im Himmel, so auf Erden: Eine klassische Anleitung zur Bibellektüre. [A.d.Ü.]

[59] Englischer Buchtitel; etwa: Oswald Chambers: Das Beste aus Seinen Büchern [A.d.Ü.]

[60] Englischer Buchtitel; etwa: Spurgeons Perlen [A.d.Ü.]

[61] Englischer Buchtitel; etwa: Carl Henrys Perlen: Ein Leben voller Zitate [A.d.Ü.]

Dr. Michael Brown

WIE ERLÖST SIND WIR WIRKLICH?

Das unsanfte Erwachen

Seit vielen Jahren haben wir in unseren Gemeinden eine defekte Botschaft verkündigt – und nun haben wir als Resultat eine defekte Gemeinde. Dieses Buch stellt uns die Frage: Was für ein Wiedergeburtserlebnis hatten wir, wenn es kein Opfer von uns verlangte, keine Trennung von der Welt und keinen Haß auf die Sünde hervorbrachte. Durch das Lesen dieses Buches können wir herausfinden: „Wie erlöst sind wir wirklich?" Es ist Zeit für ein unsanftes Erwachen.

Paperback, 132 Seiten, Best.-Nr. 175890

Dr. Michael Brown

WO IST BLOSS DIE KRAFT GOTTES GEBLIEBEN?

Ruhen die Charismatiker im Geist – oder liegen sie k.o. am Boden?

Warum werden trotz Gebet so wenige Kranke geheilt, erfahren so wenige Menschen keine tiefgreifende persönliche Veränderung. Warum zeigt sich – trotz ausdauerndem geistlichen Kampf – so wenig Veränderung in unserer Gesellschaft? – Dieses Buch gibt Antwort auf dringliche Fragen. Finden Sie heraus, was die Kraft Gottes zurückhält!

Paperback, 192 Seiten, Best.-Nr. 175875

Mahesh Chavda

DIE VERBORGENE KRAFT DES BETENS UND FASTENS

Gott hat uns einen Weg gezeigt, wie vermeintliche Niederlagen in einen herrlichen Sieg verwandelt werden können. Wenn wir uns mit überwältigenden Schwierigkeiten konfrontiert sehen, sei es im physischen, familiären oder finanziellen Bereich, tragen wir den Schlüssel der „verborgenen Kraft des Betens und Fastens" in uns.

Paperback, 180 Seiten
Best.-Nr. 175891

Charles G. Finney

ERWECKUNG

Gottes Verheissung und unsere Verantwortung

Unsere gegenwärtigen Probleme werden auf keine andere Weise
als durch eine tiefgreifende Erweckung zu lösen sein. Erweckung
ist Gottes gnädiges Handeln an seinem Volk. Sie geschieht da,
wo Christen ihre Beziehung zu Gott völlig in Ordnung bringen.
Aus dem Inhalt: Was ist Erweckung? – Erfüllt sein mit dem Heiligen Geist – Gebetsversammlungen – Hindernisse für Erwek-
kungen – Falscher Trost für Sünder – Wachstum in der Gnade
u. v. a. m. – *Ein Klassiker unter den Erweckungsbüchern!*

Paperback, 480 Seiten, Best.-Nr. 175803